Sepp und Margit Brunner

Permakultur für alle

Löwenzahn

5. Auflage 2021 // © 2007 by **Löwenzahn** in der Studienverlag Ges.m.b.H., Erler-
straße 10, A–6020 Innsbruck // e-mail: loewenzahn@studienverlag.at, homepage: www.loewenzahn.at // Bibliografische Information der Deutschen Bibliothek: Die Deutsche Bibliothek verzeichnet diese Publikation in der Deutschen
Nationalbibliografie; detaillierte bibliografische Daten sind im Internet über
<http://dnb.dnb.de> abrufbar. // **ISBN 978-3-7066-2394-0** // Grafische
Konzeption: Kurt Höretzeder, Büro für grafische Gestaltung, Scheffau/Tirol //
Satz: Karin Berner // Umschlag: Stefan Rasberger // Fotos auf S. 3 (2. u. 3.),
6 (2. u. 4.), 72, 88, 92–93, 110, 115, 129, 152, 162, 164, 169, 171: Pixel-
quelle, Coverfoto/Porträt und Fotos auf S. 3 (oben), 10, 20, 30–31, 161, 177,
181: Fotostudio Trost/Matrei i. Osttirol; alle übrigen Aufnahmen stammen von
Margit und Sepp Brunner und deren Permakulturfreunden Helmut Sieberer,
Peter Kahn, Hartwig Röck, Cornelia Straudi, Rainer Pickel, Christine Unger. //
Redaktion und Lektorat: Heike Ortner // Alle Rechte vorbehalten. Kein Teil des
Werkes darf in irgendeiner Form (Druck, Fotokopie, Mikrofilm oder in einem
anderen Verfahren) ohne schriftliche Genehmigung des Verlages reproduziert
oder unter Verwendung elektronischer Systeme verarbeitet, vervielfältigt oder
verbreitet werden. // Gedruckt auf umweltfreundlichem, chlor- und säurefrei
gebleichtem Papier.

Haftungsausschluss: Der Inhalt dieses Buches wurde von uns mit bestem Wissen und Gewissen geschrieben und überprüft. Dennoch übernehmen wir für
Irrtümer, mit denen der vorliegende Text behaftet sein könnte, keine Haftung.

Sepp und Margit Brunner

Permakultur für alle

Harmonisch leben und einfach gärtnern im Einklang mit der Natur

Löwenzahn

*Dank gebührt allen Menschen, die am Innergreinhof jemals
durch ihr Dasein und ihrer Hände Arbeit Spuren hinterlassen haben.*

*Besonders meinen verstorbenen Großeltern und Eltern;
und ebenso allen meinen Geschwistern.*

Sepp

*Dieses Buch widmen wir unseren beiden Töchtern Martina und Ruth.
Wir sind sehr stolz auf euch.
Wir hoffen, dass ihr euren Weg zu eurem Glück findet.*

*Und dem Andenken an unseren verunglückten Sohn Christian.
Du hältst uns das Bewusstsein für die Kostbarkeit des Lebens wach.*

*In Liebe
Margit und Sepp*

Inhaltsverzeichnis

◆ Über unser Buch

Beim Durchblättern dieses Buches wirst du gleich feststellen: Es ist vorwiegend ein Arbeitsbuch voll mit nützlichen Informationen und erklärenden Bildern.

Es ist ein Buch für Engagierte, ein Buch für Hirn, Herz und Hand. Die Angst, Dinge falsch zu machen, und der Mangel an Phantasie sind die ersten Hemmschuhe, die wir aus unserem Schuhkasten werfen wollen.

Zum Aufbau dieses Buches

Im Anfangsteil lernst du uns und unser Denken kennen und wir führen dich in die Grundprinzipien der Permakultur ein. Hier dient unser Bauernhof als Beispiel. Dabei möchten wir zeigen, dass ein Bauernleben aus weit mehr besteht als aus „Gras mähen" oder „Kühe melken".

Der nachfolgende Teil dient der praktischen Arbeit. Anschaulich zeigen wir dir, wie man problemlos ein Hochbeet baut, einen Edelkompost herstellt oder welche Materialien sich hervorragend zum Mulchen eignen.

Wie du aus diesem Buch Nutzen ziehst

Du kannst ein Kapitel auswählen, lesen und sofort mit dem Arbeiten beginnen. Es wird dir möglich, zauberhafte Landschaften zu schaffen, die dich mit gesunden Lebensmitteln versorgen, dein Herz mit Farben und Düften erfreuen und Heimat für viele tierische und pflanzliche Freunde werden.

Die Anregungen in diesem Buch sind für Anfänger und Ungeübte ebenso geeignet wie für erfahrene Gärtnerinnen und Gärtner. Die Tipps sind alle erprobt und auf das Wesentliche beschränkt.

Unsere Wünsche an und für dich

Nimm unsere Anleitungen als Anregung, selbst über neue oder andere Lösungen nachzudenken. Betrachte sie als Impulse am Rande deines eigenen Weges, den du letztendlich sowieso selbst finden musst.

Und nun wünschen wir dir viel Vergnügen beim Entdecken der Permakulturwelt sowie viel Spaß beim Ausprobieren und beim Erforschen der Naturzusammenhänge. Außerdem viel Freude an einer reichen Ernte, als Lohn für den einen oder anderen Tropfen Schweiß und als Entschädigung für manche Anstrengung.

Sepp und Margit

Permakultur deckt unseren Tisch mit gesunden und schmackhaften Lebensmitteln, ohne Energie und Rohstoffe zu verschwenden

◆ Über uns

Wir beide sind Bauernkinder, in der bäuerlichen Welt groß geworden und ihr bis heute treu geblieben. Allerdings sind wir keine traditionellen Bauern, sondern verstehen uns eher als bäuerliche Feldforscher, die täglich experimentieren. Dabei gehen wir ständig neue Wege und behüten das Bewährte wie einen kostbaren Schatz. Diese Grundhaltung ist eines der Erfolgsrezepte der Erdentwicklung.

Unser Hof

Wir bewirtschaften einen kleinen Bauernhof am Eingang des Iseltales in Osttirol. Unser Hof ist 5 ha groß, davon sind 2 ha Wald. Er liegt auf ca. 950 m Seehöhe und schattseitig. Den rauen Einfluss der Hohen Tauern merken wir recht deutlich.

Wir lieben unser „Hoamatl". Es versorgt uns mit den wunderbarsten Lebensmitteln und ist ein traumhafter Ort zum Leben.

Werdegang und Credo

Ich, Sepp, bin Landwirtschafts- und Landschaftsgärtnermeister und Margit ist Vollblutbäuerin. Schon seit über 20 Jahren beschäftigen wir uns mit den verschiedensten Formen der biologischen Landwirtschaft und des natürlichen Gärtnerns. Unser Hof ist ein Selbstversorgerhof am Steilhang.

Gerne blicken wir über den kleinbäuerlichen Tellerrand, denn uns interessiert die Gedanken- und Lebenswelt unserer Mitmenschen. Dadurch öffnen sich auch für uns immer wieder neue Fenster zur Betrachtung unseres eigenen Tuns.

Wen wir ansprechen möchten

Das vorliegende Buch ist voll von persönlichen Erkenntnissen unserer gemeinsamen Arbeit. Wir verknüpfen diese Erfahrungen mit praktischen Anleitungen und haben uns bemüht, beide Seiten so verständlich wie möglich darzustellen.

Mit diesem Buch wenden wir uns an Leute, die Lust auf verstärkte Selbstversorgung haben, und an Freunde eines einfachen, nachhaltigen Lebensstils.

Wir schreiben für Menschen, die der Natur ihr wahres Gesicht lassen und sie nicht in süßliche, idealisierte Traumbilder zwängen. Wir wollen Leute ansprechen, die „mit der Natur" arbeiten wollen.

Dieses Buch eignet sich nicht als Lektüre für romantische Dornröschenschläfer und Naturweichzeichner.

An unserem Hof bieten wir auch Seminare an, um Interessierten unser Wissen weiterzugeben

Unser Ziel: Zum Nachdenken anregen

Die Apfelblüte und der Tsunami sind Teile derselben Medaille. Das müssen wir begreifen. Acker- und Gartenbau, Tier- und Pflanzenzucht sind menschliche Kulturleistungen, die menschlichen Interessen dienen. Wir können sie harmonisch in das allgemeine Naturgeschehen einfügen und viele Naturgesetze nutzen. Die freie Natur verfolgt ihre eigenen Ziele und „gärtnert" völlig anders. Sie „denkt" in wesentlich größeren Zusammenhängen und versucht diesen gerecht zu werden. Es lohnt sich darüber nachzudenken.

◆ Was ist Permakultur?

In diesem Kapitel erfährst du, ...

... wie wir Permakultur auffassen und leben.

... was das größte Abenteuer unserer Zeit ist.

... dass die Menschheit ihrem Fußabdruck nach zu schließen riesige Plattfüße haben muss.

... was jeder Einzelne von uns zur Gestaltung einer lebenswerten Mitwelt beitragen kann.

... wo der gesunde Hausverstand abgeblieben ist und wie wir ihn in unser Leben zurückholen.

... warum ein Garten gleichermaßen für Körper, Seele und Geist da sein sollte.

... wie das Paradies auf Erden mehr als ein schöner Traum werden kann.

... welche Fähigkeiten in dir sowie in jedem Menschen schlummern.

Das größte Abenteuer

Der Planet Erde ist unser einziger Platz zum Leben. Die Welt um uns herum bezeichnen wir als Umwelt. Aber nennen wir die Menschen, die „um uns" leben, „Um-Menschen"? Allein das Wort Umwelt zeugt also davon, dass wir tief im Denken vergangener Philosophien feststecken. Im Mittelpunkt steht der Mensch, und um ihn dreht sich der Rest dieser Welt. Dieses menschenzentrierte Weltbild beginnt immer stärker zu wanken.

Der Kern permakulturellen Denkens

Auch wir auf unserem Hof halten es eher mit Albert Schweitzer, der da sagt: „Ich bin Leben, das leben will, inmitten von Leben, das leben will."

Wir bekennen uns zu einer Lebenseinstellung, die den Eigenwert jedes lebenden Wesens anerkennt, unabhängig davon, ob es uns nützt oder nicht. Nur weil unsere Art mit der Eigenschaft des „Wollens" ausgestattet ist, hat sie nicht automatisch das Recht, den Rest der Natur auszubeuten. Sind wir in der Lage, das zu begreifen?

Problem: Lösung

Die Menschheit hat eine Unzahl an Technologien, Lebensstilen und Weltbildern hervorgebracht. Nicht alle erweisen sich als nachhaltig und zukunftsfähig.

Für uns ist es eine große Herausforderung, aus diesem breiten Angebot das Brauchbare herauszufiltern und selbst neue Lösungen zu suchen, damit ein stimmiges Leben mit unserer Mitwelt möglich wird. Das ist die mit Abstand wichtigste und größte Aufgabe sowie das spannendste Abenteuer für jeden Menschen.

Trotz aller Fehlentwicklungen und Weltuntergangsszenarien sind wir unerschütterliche Ökooptimisten. Angst, Panikverbreitung und Zorn sind nie gute Ratgeber. Durch freud- und liebevolle Zuwendung zur Welt mit all ihren Lebensformen finden wir Lösungsmöglichkeiten für jedes Problem, wenn wir das ehrlich wollen. Die Permakultur kann uns dabei unterstützen. Sie ist ein faszinierender und kluger Weg, an Dinge heranzugehen.

Permakulturelles Denken bedeutet, positiv zu denken

Was ist Permakultur?

13

Ein neues Weltbild

Spürbar mehr Menschen weben bereits an einem neuen Weltbild und an tragfähigen Lebensnetzen. Sie wollen ihren Wohlstand nicht mehr auf die weltweite Umweltzerstörung und die Hungersnöte in vielen Erdteilen gründen. Trotz des materiellen Reichtums erfüllt viele eine innere Leere. Glück kann man eben nicht kaufen.

Wir können jedoch mit Sicherheit durch rücksichtsvolles Verhalten die gesellschaftlichen Werte beeinflussen.

Damit fördern wir den allgemeinen Wohlstand, stärken den Zusammenhalt und das friedliche Zusammenleben. Vielleicht finden wir sogar einen Weg zum Glücklichsein.

Unterschiedliche Lebensauffassungen im Vergleich

Der Umwelterzieher Gerhard Hofer hat versucht, diesen stattfindenden Wandel durch Gegenüberstellung verschiedener Aussagen sichtbar zu machen.

Materialistische Aussagen	Postmaterialistische Aussagen	Ganzheitliche Sichtweisen
Eine Gesellschaft, die die Nutzung der Natur betont, um allgemeinen Wohlstand zu schaffen.	Eine Gesellschaft, die bestrebt ist, die Natur so zu erhalten, wie sie ist.	Eine Gesellschaft, die allgemeines Wohlbefinden vor allem mit dem Gesunden und Aufblühen naturnaher und natürlicher Lebensräume verbindet.
Eine Gesellschaft, die bewusst Risiken in Kauf nimmt, um Wohlstand zu schaffen.	Eine Gesellschaft, die versucht, Wohlstand nicht um den Preis von Risiken zu schaffen.	Eine Gesellschaft, die beginnt, weniger materielle, vielmehr *kulturelle* Werte als Maßstab für Wohlstand zu betrachten.
Eine Gesellschaft, die Wirtschaftswachstum über Umweltschutz stellt.	Eine Gesellschaft, die Umweltschutz über Wirtschaftswachstum stellt.	Eine Gesellschaft, die Wirtschaftswachstum in Frage stellt.
Eine Gesellschaft, die Wert darauf legt, dass Arbeit in erster Linie wirtschaftlichen Bedürfnissen Rechnung trägt.	Eine Gesellschaft, die Wert darauf legt, dass menschliche Arbeit in erster Linie befriedigend ist.	Eine Gesellschaft, die Wert darauf legt, dass Arbeit und Freizeit eine innere Einheit bilden.
Eine Gesellschaft, in der Menschen hauptsächlich nach dem, was sie erreicht haben, beurteilt werden.	Eine Gesellschaft, in der Menschen hauptsächlich nach ihren menschlichen Qualitäten beurteilt werden.	Eine Gesellschaft, in der Menschen weitgehend nicht beurteilt werden.

Vgl. Hofer, Gerhard: Erlebnis Mitwelt. Breitschopf Verlag 1990

Leben auf großem Fuß

Wenn wir in unserem Garten über die ungemähte Wiese gehen, hinterlassen wir einen erkennbaren Fußabdruck. Gehen wir vorsichtig, steht das Gras bald wieder auf und erholt sich. Trampeln wir rücksichtslos darauf herum, wächst an einigen Stellen über lange Zeit kein Halm mehr. Jeder von uns belastet in seinem Leben die Natur und hinterlässt seinen ganz persönlichen Fußabdruck.

Wir benötigen dazu eine bestimmte Land- und Wasserfläche, um unsere täglichen Bedürfnisse zu befriedigen und unsere Abfallstoffe zu entsorgen. Unser Verbrauch an Gütern und Energie und unsere Abfälle sind der Berechnungsschlüssel, die „Schuhnummer",

für den Flächenbedarf jedes Einzelnen. Jedem Erdenbürger stehen dafür 1,8 ha Fläche zur Verfügung. Dieser Fußabdruck lässt sich sowohl für Einzelpersonen wie für einzelne Nationen oder verschiedene Wirtschaftsräume berechnen. Österreich hinterlässt einen Fußabdruck, der 4,6-mal so groß ist wie die eigene Fläche.

❯ Wegweiser

Jeder kann seinen momentanen Lebensstil überprüfen und für sich die Frage beantworten, wie lange er auf Kosten der Natur und der Menschen anderer Länder leben will. Leben wir einfach, dann können auch andere leben!

Zur ungetrübten Zukunft unserer Kinder kann jeder Mensch etwas beitragen

Auf spielerische Weise lernen Kinder mit Begeisterung, auch komplexe Zusammenhänge zu verstehen

Nachhaltige Landwirtschaft mit Maß und Ziel, das ist Permakultur

Eine Idee geht um die Welt

Am Anfang der 80er Jahre des 20. Jahrhunderts prägten der Tasmanier Bill Mollison und sein Student David Holmgren den Begriff „Permakultur". Dahinter steckt ein Bündel von Denkansätzen, wie unsere Lebensräume lebenswert gestaltet werden können – so, dass wir uns wohl fühlen und unsere Lebensgrundlagen dauerhaft erhalten bleiben, und zwar unabhängig davon, ob wir in der Stadt oder auf dem Land leben und welchem Kulturkreis wir angehören.

Nachhaltigkeit: Mehr als ein Modewort

Viele tausende Menschen setzen sich mittlerweile mit dem Permakulturkonzept auseinander, und manche entfalten es weiter. In den Entwicklungsländern feiert die Permakultur große ökologische und ökonomische Erfolge, in den Konsumgesellschaften hingegen lösen sich die Bürger noch schwer von ihren wachstums- und wohlstandsgeprägten Verhaltensmustern.

Nachhaltigkeit ist keine Erfindung unserer Zeit, und vieles an der Permakultur ist nicht neu und schon gar nicht spektakulär. In Europa gibt es eine stark wachsende Gemeinde des permakulturellen „guten Willens". Die Wiederentdeckung der Lust an einer gesunden Lebensweise und am natürlichen Gärtnern lässt diesem nachhaltigen Lebensstil auch hierzulande langsam Flügel wachsen. Permakultur ist im Moment der ehrlichste und interessanteste Wegweiser in eine versöhnte Zukunft von Kultur, Umwelt und Wirtschaft.

Das Fundament der Permakultur ist eine gesunde, verantwortungsbewusste Lebenseinstellung, bei der wir …

- rücksichtsvoll mit der Erde umgehen. Dieser rücksichtsvolle Umgang schließt alle belebten und unbelebten

Wesen ein: Böden, Gewässer, Pflanzen, Tiere, Klein- und Kleinstlebewesen, alle Arten von Lebensräumen. Er umfasst die Wiederherstellung zerstörter Lebensräume, den sparsamen Umgang mit nicht erneuerbaren Rohstoffen und sinnvolle, befriedigende Arbeit.

- uns um das Wohl der Mitmenschen kümmern.
  Dabei ist wichtig, dass die Grundbedürfnisse nach Nahrung, Kleidung, Unterkunft, Bildung, befriedigender Arbeit und geselligem, freundschaftlichem Beisammensein abgedeckt sind. (Zufriedene Menschen zerstören nicht und beuten nicht aus.)

- bemüht sind, Rohstoffe und Überschüsse gerecht zu verteilen.
  Wenn unsere Grundbedürfnisse ausreichend abgedeckt sind, können wir überschüssige Mittel, Geld und Zeit dazu verwenden, anderen zu helfen, dieses Ziel ebenso zu erreichen.

› **Wegweiser**

Diese einfachen Verhaltensregeln sind eigentlich jedem menschlichen Erdenbürger von Geburt an ins Herz geschrieben und der Schlüssel zu einem erfüllten Leben. Die Religionen der Welt und humanistische Denkrichtungen sind Zeugen des jahrtausendealten Bemühens, uns dieses Ziel nicht vergessen zu lassen. Warum vergessen wir bloß trotzdem so oft darauf?
Die Permakulturethik durchdringt alle Bereiche unseres Lebens. Unseren Umgang mit der Natur genauso wie unsere Wirtschaft und unser gesellschaftliches Leben.
Ein Kernsatz der Permakultur ist: Miteinander, nicht gegeneinander.

Leitfaden: So setzt du Permakultur in deinem Leben um

- Beobachte dein tägliches Tun, denke an die Folgen deiner Handlungen und überprüfe sie auf Nachhaltigkeit.

- Gehe mit Energie sorgsam um und verwende natürliche, erneuerbare Energieformen. Versuche, diese bestmöglich zu speichern.

- Bemühe dich, gute Erträge zu erwirtschaften, und setze dabei nicht nur auf ein Pferd. Einkommens- und Ertragsvielfalt erhöhen die Stabilität bei ökologischen und sozialen Veränderungen.

- Teile deinen Wohlstand mit anderen.

- Plane immer vom Großen zum Kleinen, vom Gesamten zum Detail, damit du wegen der vielen Bausteine nicht das Gebäude aus den Augen verlierst.

- Beginne klein und lass dir Zeit. Damit vermeidest du Fehler, die ihrerseits weitere Fehler mit sich bringen.

- Plane kleine, ertragreiche, vielfältige, energiesparende Lebensräume, die ineinandergreifen und einander unterstützen.

- Vermeide die Entstehung von Abfall, überprüfe die Dinge des täglichen Lebens nach folgenden Kriterien:
  ✓ Brauche ich sie wirklich (*weniger verbrauchen*)?
  ✓ Kann ich sie gebraucht bekommen (*wiederverwenden*)?
  ✓ Kann ich sie reparieren (*wiederherstellen*)?
  ✓ Können sie erneut als Rohstoff dienen (*wiederverwerten*)?

- Lenke deine Aufmerksamkeit auf die Lösung von Problemen und nicht auf die Probleme an sich. Entwickle

Visionen und suche Wege zur Umsetzung – nur so gelingt Veränderung.

- Arbeite überlegt (Beispiele: Pflanze Jungpflanzen dort, wo sie überleben können; unterstütze Leute, die deine Hilfe brauchen und lernen wollen).

- Bei allem Tun haben Mitweltfreundlichkeit und Nutzen immer Vorrang vor rein gefälligem Aussehen.

- Es soll stets mehr Energie gewonnen werden, als verbraucht wird.

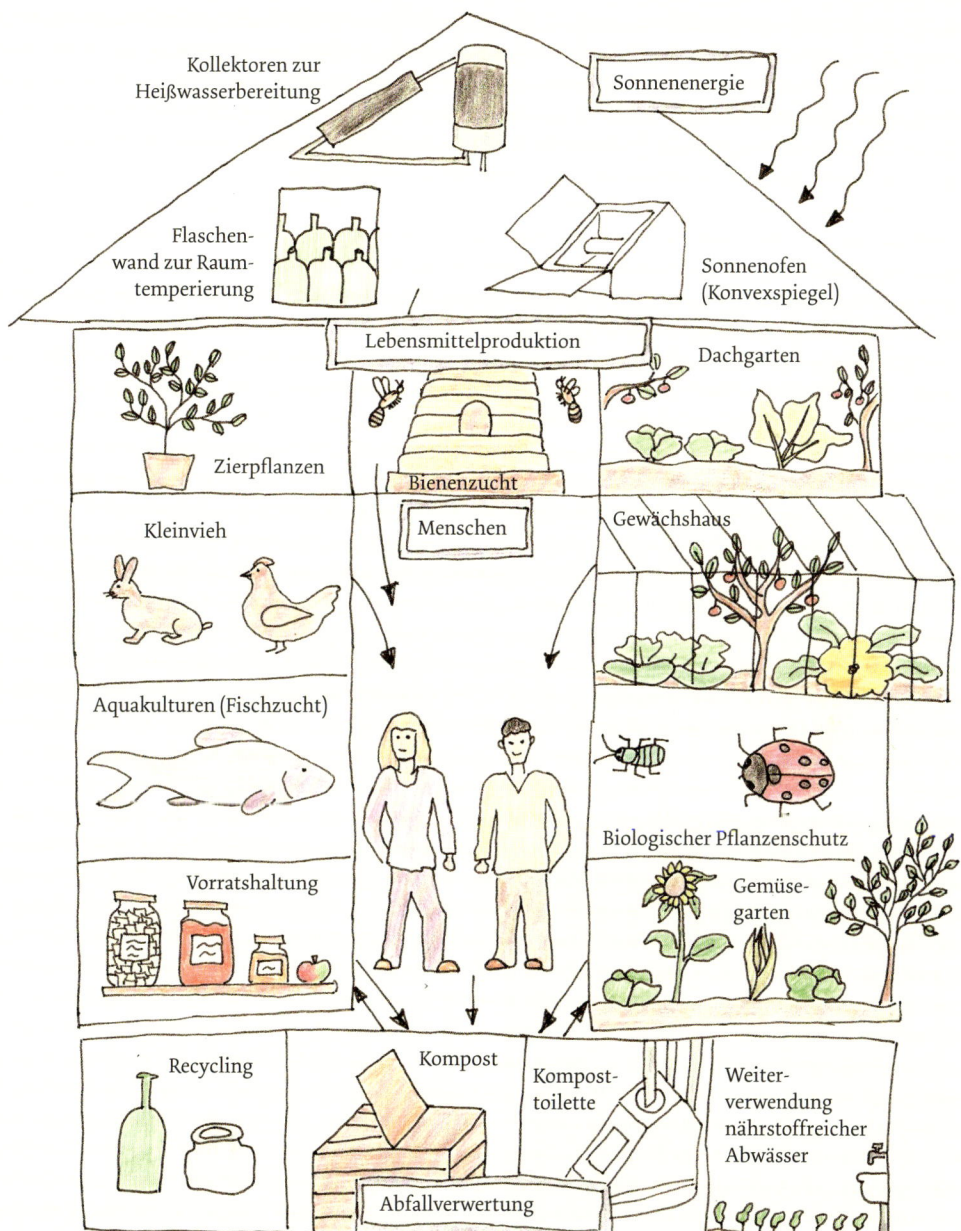

Das Permakulturhaus (frei nach Farallones Institute, Kalifornien)

Die Rückkehr des Hausverstandes

Schon Großvater und Großmutter haben sich in einer einfachen Art und Weise mit Permakultur beschäftigt, ohne diesen Begriff zu kennen. Die menschlichen Grundbedürfnisse wurden mit den Möglichkeiten vor Ort abgedeckt. Die Arbeits- und Verwaltungseinheiten waren überschaubar, die meisten Kreisläufe geschlossen – ein Weg, der wieder an Aktualität gewinnt.

Früher …

Haus und Hof wurden mit natürlichen Materialien der nächsten Umgebung gebaut (Stein, Holz, Kalk, Nägel, Glas), Wasserkraft war Antriebs- und Energiequelle. Mit Energie wurde sparsam umgegangen, einerseits durch eine standortgerechte Bauweise, andererseits durch geschickte Mehrfachnutzung (Holz zum gleichzeitigen Heizen und Kochen). Maschinen und Geräte wurden immer wieder repariert, Verbrauchsbeschränkung war selbstverständlich. Komfortverzicht (hohe Kosten!) fiel nicht schwer. Bauernhof und Bauerngarten deckten täglich den Tisch und sorgten für Heilung.

Unsere Puten genießen ihren Stall mit Gründach und den großen Freilauf

Zahlreiche Formen der Vorratshaltung waren der Großmutter vertraut. Nachbarschaftshilfe war selbstverständlich und ist der kleine Bruder des Talentetauschkreises.

Im Alltag waren die Begriffe „weniger verbrauchen – wiederverwenden – wiederherstellen – wiederverwerten" selbstverständlich und gelebte Wirklichkeit.

… und heute

Naturalversicherungen sind in manchen bäuerlichen Gemeinden noch immer der örtliche Katastrophenfonds. Agrargemeinschaften, Weg- und Wassergemeinschaften und kleinere Genossenschaften machen auch noch heute größere, gemeinsame Vorhaben möglich.

Unsere Eltern haben uns viel von diesen Erfahrungen und Grundhaltungen mitgegeben, und sie entpuppen sich als Reichtum, der das Leben in vielerlei Hinsicht vereinfacht. Dieser Rückblick macht uns auf unserem Bauernhof aber keineswegs zu blinden Vergangenheitsromantikern, denn nicht alles war nur gut.

Vielfalt statt Einfalt

Wissenschaft und Technik haben zahlreiche neue, umweltschonende Lösungsmöglichkeiten und Verbesserungen für die verschiedensten Alltagsaufgaben hervorgebracht. Gesellschaftlich können wir aus einer Palette von tauglichen Lebensmodellen wählen. Der Zugang zu Information und der Gedankenaustausch sind einfacher als je zuvor.

Eine gesunde Mischung aus bewährten Erfahrungen und Technologien mit neuen, umweltfreundlichen Erkenntnissen und Errungenschaften bildet eine gute, zukunftsfähige Lebensbasis.

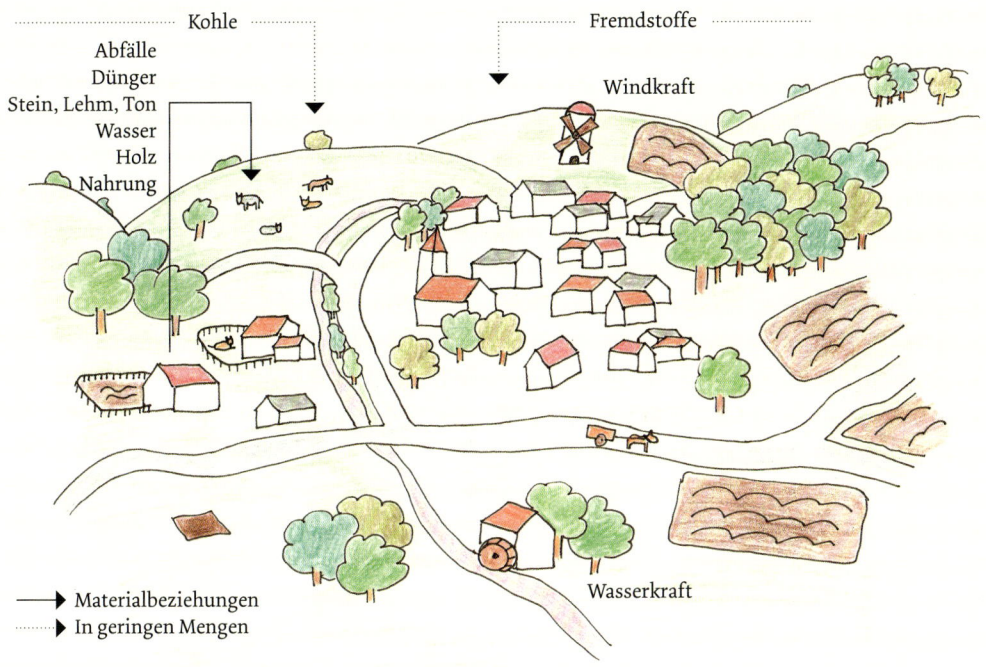

Kohle

Fremdstoffe

Abfälle
Dünger
Stein, Lehm, Ton
Wasser
Holz
Nahrung

Windkraft

Wasserkraft

⟶ Materialbeziehungen
⋯▶ In geringen Mengen

Der Materialkreislauf eines Dorfes in früherer Zeit ...

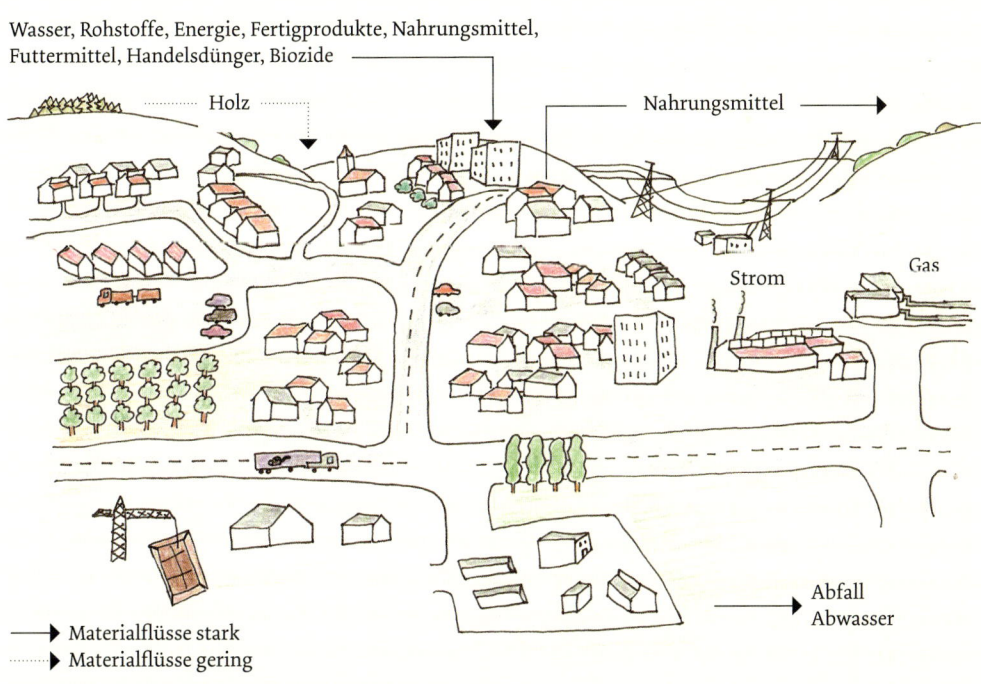

Wasser, Rohstoffe, Energie, Fertigprodukte, Nahrungsmittel,
Futtermittel, Handelsdünger, Biozide

Holz

Nahrungsmittel

Strom

Gas

Abfall
Abwasser

⟶ Materialflüsse stark
⋯▶ Materialflüsse gering

... und der Materialkreislauf einer modernen Stadt im direkten Vergleich

Die eigene, kleine Welt verändern

Der moderne Haushalt, das moderne Dorf und die moderne Stadt sehen anders aus als Siedlungen in der Vergangenheit. Güter und Energien wurden früher weitgehend vor Ort selbst gewonnen und verwendet. Heute kommen sie von weit her. Der örtliche Kreislauf ist unbedeutend. Das ist ja alles nicht neu, werden viele denken, und sie haben Recht. Genau an diesem Punkt setzen umweltbewusste Menschen und Permakulturfreunde an. Sie beginnen ihren Lebensstil systematisch zu durchleuchten.

Fragen, die wir uns stellen müssen

- Wie wohne ich?
- Womit heize ich?
- Womit ernähre ich mich?
- Wo kaufe ich ein?
- Wie viel Abfall erzeuge ich?
- Was geschieht mit meinem Abwasser?
- Wie viele Autos stehen vor der Tür und wie oft werden sie benutzt?
- Womit verdiene ich mein Geld?
- Welches politische Lager unterstütze ich aus welchen Gründen?
- Was ist mein kostenloser Beitrag am öffentlichen Leben?
- Berührt mich die Not anderer Menschen und frage ich nach dem Warum?
- ....?

Verantwortung für unsere Entscheidungen übernehmen

Die Kette dieser Fragen lässt sich beliebig fortsetzen. Die Antworten darauf sind keineswegs einfach, und sie sind ausnahmslos vielschichtig.

Es wird deutlich, in wie vielen Bereichen wir täglich Mitverantwortung für das Wohlergehen unseres Planeten tragen. Wir können kein politisches oder wirtschaftliches System, keine Philosophie oder Religion für falsche Entwicklungen verantwortlich machen.

Die Probleme der Erde sind immer nur die Summe einzelner, menschlicher Fehlentscheidungen.

Für alle Tätigkeiten, die unser Leben betreffen, tragen wir selbst die Verantwortung. Wir können uns dabei gegenseitig unterstützen, voneinander lernen und zusammenarbeiten.

Das Gesamtbild unseres Lebens setzt sich aus vielen Details zusammen, die alle wohl überlegt sein wollen

Die Natur hält die Antworten bereit

Die Natur ist eine überzeugende Lehrmeisterin für Lebensfreude in der
Vielfalt, für Austausch und Zusammenarbeit, für Nachhaltigkeit und
Zukunftsfähigkeit. Von ihr können wir
einiges lernen, indem wir sie stärker in
unser Leben hereinnehmen. Denn in
einem Garten und auf manchem Balkon
wächst wesentlich mehr heran als Obst,
Gemüse und Blumen.

Abseits aller Erträge lernen wir viel
über Lebenszusammenhänge. Über
Freude und Enttäuschung. Über Vertrauen und Zuversicht. Über Geben
und Nehmen. Wir ernten zahlreiche
Erfahrungen und eine gesunde Lebenseinstellung. Und jede Ernte hat auch
mit Arbeit zu tun, denn Gott hat vor
den Lohn noch stets den einen oder
anderen Tropfen Schweiß gesetzt.

Wer nichts tun will, möge das Buch
spätestens jetzt beiseitelegen.

Wir beginnen, am Fensterbrett, auf dem Balkon, im Garten

Uns hat das Leben in die Welt des Klein-
bauern- und Gärtnerdaseins gestellt.
Wir sind mit unserer Welt glücklich
und erzählen auch gerne davon. Wir
möchten dich mit diesem Buch verfüh-
ren.

Schaffe dir einen Ort, wo du dich
richtig wohl fühlen kannst. Entwickle
Sehnsucht nach gutem, gesundem
Essen. Vergiss dabei die Welt um dich
herum nicht. Wenn es der Welt um
dich herum gut geht, geht es auch dir
gut!

Wir freuen uns, wenn wir dich
auf diesem Weg ein Stück begleiten
dürfen.

Paradiese für Stadt und Land – und das jeweils Besondere

Egal, welche Berufe Menschen ausüben – sobald man an ihrer Schale kratzt, kommt bei den meisten irgendwann der Gärtner zum Vorschein. Und jeder trägt in sich die Sehnsucht nach dem Paradies. Das „Paradies" ist kein wissenschaftlicher Begriff. Es ist die Vorstellung von einem Ort, an dem alles noch in Ordnung ist.

Unterschiedliche Vorstellungen und Vorlieben

Manche erinnern sich an die Landschaften ihrer Jugend. An das gute Essen bei Großmutter auf dem Bauernhof. An die frische Luft und das Klettern in den Apfelbäumen. An Abenteuer in Feld und Flur. Einfach paradiesisch!

Andere lieben exotische Pflanzen und züchten Kakteen, Orchideen, Zitronen. Und das mitten in einer Alpenstadt. Auch paradiesisch!

Vom Urlaubsort werden Pflanzen mitgebracht und liebevoll aufgepäppelt. Es ist spannend, Pflanzen in einer Umgebung zu züchten, die ihnen eigentlich fremd ist. Viele unserer Nahrungspflanzen und Nutztiere kommen aus einem fremden Land. Kennt man ihren Ursprungsstandort und ihre Verwandten in der freien Natur, weiß man schon einiges über ihre Bedürfnisse.

❯ Wegweiser

Gute Permakulturgärtner und -gärtnerinnen versuchen für die einzelnen Pflanzen heimatliche Bedingungen zu schaffen. Aber alles mit einem vertretbaren Arbeits-, Material- und Energieeinsatz.

Gärtnern am Land

Stadt und Land haben verschiedene Voraussetzungen. Auf dem Land finden wir die größeren Gärten mit natürlich gewachsenem und natürlich geschichtetem Boden. Mit dem Platz kann großzügig umgegangen werden. Die Gärten sind in eine offene Landschaft eingebettet. Der Zugang zu verschiedenen Materialien und Rohstoffen ist einfacher als in der Stadt (Erde, Steine, Mulchmaterial, Kompostmaterial etc.).

Ob in der Stadt oder auf dem Land –
beinahe überall lassen sich mit geschickter Planung Ernten wie diese einholen

Manche Gärtnerinnen und Gärtner lieben spezielle Pflanzen –
auch dieser persönliche Geschmack kann mit Permakultur umgesetzt werden

Wer keinen eigenen Garten hat, kann unter Umständen von einem Bauern in der Nähe günstig ein Stück Land pachten.

Gärtnern in der Stadt

In der Stadt ist manches anders. Gartenbesitz ist ein Privileg. Fenster, Balkone, Terrassen und versiegelte Hinterhöfe mit Mauern und Wänden sind oft die einzig nutzbaren Gartenflächen.

Neben dem Mangel an freier Fläche gibt es weitere Gründe, die eine Stadt nicht gerade zu einem idealen Ort zum Gärtnern machen. Der Mutterboden ist oft durch Straßen-, Kanal- und Hausbauarbeiten zerstört. Städte heizen sich mehr auf als das Land, die natürliche Entwässerung ist oft nicht mehr möglich und eine größere Menge an giftigen Stoffen wird freigesetzt.

Dennoch hat Gärtnern in der Stadt auch Vorteile. Durch die höhere Temperatur kann man früher säen und länger ernten als auf dem Land. Kleine Gartenflächen erlauben einfache, billige, umweltfreundliche und arbeits-

intensivere Methoden. Es ist einfacher, verschiedenste Ökonischen zu schaffen, die Bodenstruktur zu verbessern und den Boden auf natürliche Weise zu düngen. Denn welcher Bauer ist imstande, einen Hektar Fläche mit 30 bis 50 Tonnen des besten Kompostes zu düngen? So etwas geht nur auf ein paar tausendstel Hektar!

❯ Praxistipp:
Rohstoffquellen in der Stadt

Mit etwas Phantasie können wir uns in der Stadt wertvolle Rohstoffquellen erschließen.

- Supermärkte liefern nicht mehr verkaufsfähiges Gemüse als Futter für Kleintiere und als Kompostrohstoff.
- Friseurläden liefern uns Haare als wertvollen Stickstoffdünger.
- Tischlereien versorgen uns mit Hobel- und Sägespänen als Kompost- und Mulchmaterial.
- Das Laub der Parkbäume ist ein günstiger, bekömmlicher Ersatz für den teuren, sauren Rindenmulch etc.

Gärten für Herz und Gaumen

Gärten, die zum Verstehen der natürlichen Lebenssysteme taugen, sind selten geworden. Es ist traurig, dass es in vielen Gärten nichts mehr zum Essen gibt. Viele von uns wissen nicht mehr, wie das eigene Land schmeckt. Sie tragen nur mehr Neuseeland, Afrika, Australien oder Südspanien in ihren Eingeweiden mit sich herum. Ein Garten, in dem es nichts zu essen gibt, ist vergeudete Landschaft.

Der traurige Ist-Zustand

Im europäischen und amerikanischen Raum scheint die Erinnerung an den Garten als nährende Quelle verloren gegangen zu sein. Die Gärten dienen eher als Abstellplätze für das trendige, ungenießbare Konservengrün verschiedener Baumschulen. Gestresste Mitbürger versuchen sich zwischen lärmenden Rasenmähern, knatternden Motorsensen und Laubsaugern zu erholen. Ein Garten gleicht dem anderen, eine einzige Ansammlung grüner Phantasielosigkeit und Langeweile. Die Grillkoteletts und Salate werden mit einem Spritzmittelwindhauch aus Nachbars Garten gewürzt.

Ich, Sepp, habe den Beruf des Landschaftsgestalters erlernt und bin in der Ausbildung über den Grad eines Landschaftsdekorateurs nicht hinausgewachsen. Ich habe die Freude am reinen Dekorieren und die Lust am oberflächlichen Ökogeschwätz verloren. Margit und ich sind lieber zu unserem kleinbäuerlichen Ursprung zurückgekehrt.

Ein reines Naturprodukt: Vom ersten bis zum letzten Schritt selbst gemachter Apfelsaft schmeckt einfach anders … besser! Und man weiß genau, was er enthält

27

Zur (Rück-)Besinnung kommen

Schon ein kleiner Selbstversorgergarten kann uns mit dem eigenen Land wieder stärker in Einklang bringen. Wir beginnen wieder, mit unserem Land zu schwingen, und verloren geglaubte Wurzeln beginnen neu zu wachsen.

Die Tradition der alten Bauern-, Siedler- und Klostergärten kann uns heute noch in wesentlichen Punkten als Vorbild dienen. Sie zeigen nicht nur, was in unserer Gegend am besten wächst und was zusammenpasst, sondern vor allem, was ein kleiner Garten braucht:

- Nämlich einen einfachen Grundriss mit geschickter Wegeführung und die verschiedensten Beetformen, wo man bunt gemischt allerlei Gemüse, Beeren und Blumen pflanzen kann.
- Sie sind immer offen zur Sonne hin und werden von Bäumen vor kalten Winden geschützt.

- Was sich verändert hat, ist lediglich die Art der Bodenbearbeitung und die Befreiung aus der strengen Form.

› Wegweiser

Permakulturgärten sind stets essbare Gärten mit Bäumen und Blumen mittendrin. Die Permakulturbewegung hat beim Gärtnern noch nie das Rad neu erfunden, sie hält es nur durch die Art und Weise des Gärtnerns besser am Laufen.

Der Mensch ist, was er isst

An diesem Spruch ist schon was Wahres. Unser Bergbauernhof wird Jahr für Jahr reicher an besten Lebensmitteln und Blumen.

Doch schon ein Fensterbrett, ein Balkon oder etwas Erde vor der Hauswand kann zu einer kleinen Oase werden und die Stimmung unseres Herzens und den Geschmack unserer Speisen entscheidend verändern.

Früchte, Bäume, Blumen, natürliche Materialien:
Ein wertvoller Garten ist abwechslungsreich in seinem Aufbau und in seinen Ergebnissen

Das Beste aus unserer Gegend machen

Meistens scheitern die Menschen nicht an den Vorgaben der Natur, sondern an ihrer Unfähigkeit, mit diesen Vorgaben das Richtige anzufangen. Wir sollten uns viel Zeit nehmen, um die Natur zu beobachten. „Unsere ganze Aufmerksamkeit muss aber darauf gerichtet sein, der Natur ihre Verfahren abzulauschen", sagte schon Goethe.

Alternative „Betriebswirtschaft"

Rudolf Steiner, der Vater der biologisch-dynamischen Wirtschaftsweise, hat manche wertvolle Anregungen und Denkanstöße hinterlassen. Einige gefallen uns besonders gut: „Dort, wo dich das Leben hinstellt, findest du alles, was du zum Leben brauchst", lautet ein etwas frei zusammengefasster Ausspruch. Es ist unser „steinersches" Lieblingszitat und fordert uns täglich neu heraus.

Steiner hat auch die Begriffe „Betriebsorganismus" und „Betriebsindividualität" geprägt. Der Betriebsorganismus ist der Balkon, der Garten oder der Bauernhof. Er ist der Ort deines Wirkens, immer mit Vor- und Nachteilen behaftet. Mache dich mit diesem Ort gründlich vertraut. Die Betriebsindividualität ist das äußere Erscheinungsbild deines Lebensortes. Deine Neigungen, Bedürfnisse und Fähigkeiten, dein Arbeitseinsatz und deine verfügbaren Geldmittel prägen es. Diese unterschiedlichen persönlichen Voraussetzungen machen die Gärten und Höfe der Welt so bunt, vielgestaltig und interessant.

› Wegweiser

Wir können lernen, überall auf der Erde mit dem Land liebevoll umzugehen. Wir wollen es mit Vielfalt bereichern und ein gutes, einfaches Leben führen.

Permakulturgärten haben tausend Gesichter. In sich bergen sie aber ein und dieselbe Art der Herangehensweise in der Planung.

Unsere unmittelbare Umgebung mit ihren Eigenheiten

Städte, Dörfer, Bauernhöfe, Gärten und Häuser mit ihren Balkonen und Terrassen sind in Landschaften eingebettet. Es wirken die vielfältigen Naturkräfte auf sie ein:

- Die geografische Lage und Ausrichtung sowie Sonne, Wind und Wetter beeinflussen maßgeblich, was dort wachsen kann.
- Die Güte des Bodens und die Ausformung des Geländes fördern oder behindern die Bewirtschaftung.
- Wie sieht es mit dem Wasser aus?

Es gibt unzählige Methoden, diese Energien und Voraussetzungen geschickt zu nutzen (Wasser-, Wind-, Sonnenkraftwerke, Terrassenlandwirtschaft, Wassergärten in Norddeutschland, Asien, Südamerika etc.). Wir können unliebsame Einwirkungen von Naturkräften auch abmildern und manchmal gänzlich von unseren Lebensräumen fernhalten (Windschutzgürtel, Wasser- und Lawinenverbauung, Passivhaus etc.).

Leitfaden: Deine Umgebung

In der Permakultur machst du dich zuallererst mit allen diesen Voraussetzungen vertraut.

- Wie sieht dein Grundstück aus, ist es flach oder steil?
- Wie groß ist es?
- Wie sieht der Boden aus?
- Wie viel Regen fällt im Jahr?
- In welche Himmelsrichtung neigt sich dein Garten?

- Wie viel Sonne scheint auf dein Paradies?
- Woher wehen die Winde; sind sie feucht oder trocken, warm oder kalt?
- Woher bekommst du Wasser?
- Wie sieht es an der Grenze zum Nachbarn aus (Bäume, Häuser, Mauern, Zäune etc.)?
- Wie sieht dein Haus aus?
- Aus welchen Baumaterialien besteht es?
- Welche Energieformen kommen im Haus zum Einsatz?
- Was passiert mit dem Grau- und Schwarzwasser?

Manche Voraussetzungen sind unsichtbar:

- Ist dein Grundstück mit Rechten ausgestattet oder mit Dienstbarkeiten belastet?

- Kommst du mit den sozialen und kulturellen Eigenheiten deiner Umgebung zurecht?
- Erlaubt dir die Lage deines Paradieses, am gesellschaftlichen Leben teilzunehmen?

Die Antworten auf all diese Fragen bilden einen Teil des Rahmens deiner Möglichkeiten, an einem Ort zu wirken.

› Praxistipp: Analyse deiner äußeren Ausgangslage

Erkunde deinen Lebensort und beantworte diese Fragen. Wenn dir zusätzliche, wichtige Fragen einfallen, ergänze den Fragenkatalog und füge die Antworten gleich hinzu.

Befrage Menschen, die dir bei der Antwortsuche helfen können.

Mit Hilfe deiner Fähigkeiten und Erfahrungen kannst du dich nicht nur in deinem Garten voll entfalten, sondern permakulturelle Prinzipien in deinem ganzen Leben umsetzen

Ein Rucksack voll mit Fähigkeiten und Erfahrungen

Deine Persönlichkeit ist die andere Hälfte des Rahmens, der deine zukünftige Permakulturlandschaft umgibt.
Es wird einige Zeit dauern, bis du die folgenden Fragen ausreichend beantwortet hast. Immer wieder müssen wir sie uns stellen, weil wir uns verändern und weil die Welt um uns sich ständig verändert.

Leitfaden:
Dein persönlicher Lebensentwurf

- Wie möchtest du dein Leben gestalten?

  – Sehnsüchte, Leidenschaften, Überzeugungen, Sinnfragen
  – allein – mit anderen gemeinsam

- Wie kannst du dich mit deinem Leben sinnvoll einbringen?

  – Ausbildungen, Fähigkeiten, Talente, Neigungen

- Auf welche Art möchtest du deine persönlichen Bedürfnisse befriedigen?

  – Essen:
    * Selbstversorgung
    * Markt

  – Wohnen:
    * Hof, Haus, Wohnung, Wohnblock, Stadt
    * allein, gemeinsam, Ökodorf

- Geld verdienen:
  * Art der Arbeit: auswärts, zu Hause
  * selbstständig, unselbstständig
  * Bezahlung: Geld, Talentetausch-kreis (Alternativwährung)
- Sozial: Lebst du lieber allein oder mit anderen gemeinsam?

· Wie gehst du mit deiner Zeit um?
  - Trennung von Arbeit und Freizeit oder fließen beide ineinander?
  - Gesunder Mix von Stress und Muße

· Welche ethischen Grundwerte leiten dich?

· Bist du Lebensgestalter oder Dauer-konsument?

> **Praxistipp: Analyse deiner inneren Ausgangslage**

Das Wetter ist heute besonders schön? Setz dich auf den Balkon, begib dich in deinen Garten oder lege dich bequem in deine Wiese und horche in dich hinein.

Lass dir Zeit beim Beantworten dieser Fragen. Du wirst dazu wohl mehrere solcher Tage brauchen. Gleichgültig, in welcher persönlichen Situation du dich im Moment befindest, von der ehrlichen Antwort auf diese Fragen und der weiteren konsequenten Suche nach Lösungen hängt dein Glück ab.

Abseits dieser selbst formulierten Fragen stellt das Leben die eine oder andere völlig unerwartet. Daran ist nichts Falsches. Bemühe dich, gerade diese Fragen zu beantworten und gut zu lösen, weil du dadurch erfahren und stark wirst.

Jeder Garten braucht eine oder mehrere Ecken, wo man sich auf sich selbst besinnen, aber auch mit anderen Menschen zusammenkommen kann

◆ Grundlagen der Permakulturgestaltung

In diesem Kapitel erfährst du, …

… welche weiteren Grundsätze der Permakultur du beherzigen solltest.

… was wir von der unscheinbaren kleinen Spinne lernen können.

… was es bedeutet, „mit Vort'l" zu arbeiten, und was das mit Permakultur zu tun hat.

… wie du an die Aufgabe Permakultur am besten herangehst.

… dass du deinen eigenen Fähigkeiten vertrauen darfst.

Beobachte und denke nach

Auf unserem Hof sehen wir manchmal den Spinnen beim Weben ihrer Netze zu. Sie sind interessante Wesen, von denen wir viel lernen können und deren Lebensweise uns zu einigen wichtigen Fragen führt.

Leitfaden: Dein Lebensnetz

Spinnen suchen sich stets einen Ort, der ihre Erwartungen an ein gutes Spinnenleben erfüllt.

- Wie sieht dein Lebensort aus?
  In Hinblick auf Nahrung, Kleidung, Schutz, Erwerb und Verdienst, gesellschaftliche Bedürfnisse.
- Kannst du ihn verbessern?

Spinnen wählen einige Punkte in ihrer Umgebung, an denen sie ihr Netz festmachen und sicher anhängen.

- Welche Eckpunkte sind sichere Anker für dein Lebensnetz?
  Beispielsweise Vorzüge des Landes – Hofes – Gartens – Balkons, persönliche Talente, Beruf, gesellschaftliche Verknüpfungen.

Alle Fäden sind miteinander verbunden. Ihr Verlauf ist sichtbar und klar nachvollziehbar.

- Wie sehr sind die Fäden deines Lebensnetzes miteinander verbunden?
- Bilden sie überhaupt ein tragfähiges, nachvollziehbares Netz?

Bei vielen Fäden kann ab und zu einer reißen. Das Netz erfüllt trotzdem seine Funktion und bricht nicht zusammen.

- Wie dicht ist dein Netz gewoben?
- Wie viele Fäden dürfen reißen, ohne dir Probleme zu bereiten?

Es heißt also Herz und Augen zu öffnen …

… und festzustellen:

1. Was ist alles vorhanden und wie funktioniert es?
2. Was wird für deine Bedürfnisse noch gebraucht und wie fügst du das Fehlende geschickt in das Vorhandene ein?

Und das alles im Sinne der Nachhaltigkeit.

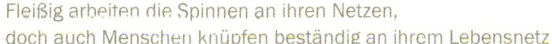

Fleißig arbeiten die Spinnen an ihren Netzen, doch auch Menschen knüpfen beständig an ihrem Lebensnetz

Grundlagen der Permakulturgestaltung

Im Winter ist Zeit, über die ganz persönlichen Lebensumstände nachzudenken und die Zukunft zu planen

Erkenne und handle

Gerne denke ich, Sepp, an die Winterabende meiner Kindheit. Mutter und Großmutter saßen in der warmen Stube am Spinnrad. Schon damals ist mir aufgefallen, dass der Faden nicht überall gleich dick ist. Auch war die Wolle unserer grauen Schafe nicht an allen Körperteilen gleich grau. So ist es auch draußen in der Natur. Jede Lebensform gleicht einem wollenen Faden mit starken und schwachen Stellen, alle verschieden lang.

Lose Fäden

Für sich allein ist kein Faden besonders stark. Zu einem Tuch verwoben oder zu einer Jacke verstrickt werden die Fäden zu einem beinahe unzerstörbaren Gebilde. Starke und schwache Stellen gleichen sich aus. Das Gewebe hält.

Wir Menschen sind selten gute Weber. Häufig vergessen wir, dass auch wir Teil dieses Tuches sind. Wir legen unsere Fäden einzeln nebeneinander, jeden für sich ordentlich aufgereiht. Dann wundern wir uns, wenn einer nach dem anderen reißt. Die Ordnung in der Natur hat mit der „Ordentlichkeit" der Menschen nichts zu tun.

Gut verwoben

In der Permakultur versuchen wir unsere Lebensfäden gut in das Tuch der Natur einzuweben:

- Indem wir Kreisläufe schließen (in Landwirtschaft, Wirtschaft, Haushalt).

- Indem wir Elemente zusammenfügen, die sich gegenseitig unterstützen und mehrere Funktionen übernehmen.

Der Permahausgarten: Optimale Kreisläufe möglichst ohne Verluste sowie Mehrfachnutzen für Mensch und Tier

Beispiele:
- Südseitige Mauer als Wärmespeicher für empfindliche Pflanzen und das Haus
- Obstbaum als Naturpergola, Fruchtspender, Schattenspender im Sommer, Wohnung für Vögel und Insekten, Windschutz für den Gemüsegarten
- Gründach als Schutz vor Regen, Futterplatz für Bienen und Insekten, Kühlung im Sommer – Wärmedämmung im Winter, grüner Lebensraumersatz für verbaute Fläche, Wasserrückhaltemöglichkeit

Nichts steht isoliert für sich allein, jedes Element und jede Maßnahme erfüllt mehrere Zwecke.

· Indem wir verschiedene Lebensbereiche großzügig ineinandergreifen lassen und damit versuchen, die Anzahl der Lebensformen in unserem Umfeld zu erhöhen.

› **Wegweiser**

Permakultur legt Wert auf Vielfalt und gegenseitige Förderung. Permakultur erzeugt keinen Abfall.

Die Natur als Vorbild

Viktor Schauberger, ein österreichischer Förster und Erfinder, hat gesagt: „Alles, was natürlich ist, ist leise, einfach und billig." *Ein Ausspruch, der immer wieder zum Nachdenken anregt. All unser Tun messen wir an diesem Satz.*

Lernen mit Hilfe von Freunden

Wir und unser Hof haben viele Freunde, die Gefallen an unserer Arbeit finden.

Wolfgang weiß, dass wir Bücher lieben. Er hat uns einige Bücher mit Luftaufnahmen aus allen Teilen der Welt geschenkt. Die Erde von oben eröffnet genaue Einblicke in das Wirken der Naturkräfte. Die faszinierenden Bilder zeigen, wie und wo Energien aneinander reiben, wie und wo sie sich sammeln oder zerstreuen und welche Wege sie dabei wählen. Erde, Feuer, Wasser, Luft.

Walter hat uns ein Mikroskop geschenkt. Er hat uns einen Sehschlitz in das Innere der Mitwelt eröffnet. Uns erstaunt es immer öfter, wie ähnlich die Luftaufnahmen und Mikrobilder sind. Das Adersystem eines Menschen und das Flusssystem eines Kontinents, die Blattadern eines Baumes und die Verästelung eines Blitzschlages ähneln einander sehr. Es gibt immer ein Zentrum, wo alle Stränge zusammenlaufen. In der modernen Welt werden sämtliche Bedürfnisse durch ein weltweites Netzwerk von Transport, Lagerung, Vermarktung abgedeckt. Allein aus den Luftbildern erkennt man, wie chaotisch menschlich geprägte Organisationsadern verlaufen. Eigentlich handelt es sich um eine Anhäufung von Krampfadern.

Helmut hat uns über das „Wörgler Freigeldexperiment" zu einer gründlichen Auseinandersetzung mit den Auswirkungen von Wirtschafts- auf Sozialsysteme geführt. Eine unendliche und interessante Geschichte. Unsere gesamte Lebensorganisation ist abhängig von fossiler Energie. Was uns als „effizient" verkauft oder aufgezwungen wird, steht und fällt mit dem Faktor Erdöl. Durch das weltweite Rennen um diesen Rohstoff sind schon zahlreiche Regionen der Welt in fürchterliche Not oder außer Kontrolle geraten.

› Wegweiser

In der Permakultur nähern wir uns wieder den natürlichen Mustern. Permakultur macht die Erzeugung und den Handel von lebensnotwendigen Gütern unabhängiger vom Öl und setzt möglichst *erneuerbare Energieformen* ein.

In kleinen Gärten verwenden wir verstärkt *natürliche Anbaumethoden und Handwerkzeuge.* In größeren Gärten und Landwirtschaften benutzen wir natürliche Anbaumethoden und *gemäßigte Treibstoffverbraucher.* In Handwerk und Industrie streben wir nach Methoden, die anstelle von Massenarbeit Arbeit für die Massen fördern.

Wir kehren jedoch keineswegs zurück zu endloser Schufterei und vollständiger Abhängigkeit von menschlicher Arbeit. Stattdessen versuchen wir, durch kluge Planung und Gestaltung unsere Gärten und Höfe sowie unsere Betriebe zu höchstem Nutzen zu führen, und zwar mit Hilfe *sinnvoller menschlicher und menschenwürdiger Arbeit.* Sinnvolle Arbeit in einer gesunden Umwelt macht Menschen glücklich und zufrieden.

An unserem Hof wird vieles noch auf traditionelle Weise erledigt. Wir genießen das, aber gerade deshalb beschäftigen wir uns viel mit der Verbesserung von Abläufen und der Verkürzung von Wegen

Geschickt einteilen und Kraft sparen

In meiner frühen Jugend habe ich, Sepp, in den Sommermonaten mein erstes Geld als Holzknecht verdient. Ich erinnere mich gerne an Thomas, meinen Großonkel, der ein erfahrener und äußerst geschickter Holzfäller war. Als ich ein Neuling war, hat er mir bei der Arbeit immer auf die Finger geschaut, mich zur Seite genommen und mir gezeigt, wie man die verschiedenen Arbeiten leicht, flink, geschickt und richtig erledigt. Unvergessen bleibt mir sein Ausspruch: „Sepp, so geht des nit! Kimm a mol her!" Von ihm habe ich gelernt, was man unter „mit Vort'l arbeiten" (geschicktem Arbeiten) versteht. Permakultur bedeutet, mit „Vort'l " zu arbeiten.

Hier solltest du mittlerweile stehen

- Du kennst mittlerweile die Eigenheiten deines Lebensortes?
- Du hast deine persönlichen Bedürfnisse und Wünsche herausgeschält?
- Du kannst Möglichkeiten und Grenzen hinsichtlich der Umsetzung richtig einschätzen?

Wahrscheinlich steht einiges an Arbeit an und sehr wahrscheinlich auch eine Frage, die dich besonders beschäftigt: „Wie gehe ich am geschicktesten an meine Vorhaben heran?"

Arbeit = Kraft x Weg

Eine Tischlerei, eine Küche, ein Büro, ein Bauernhof, ein Garten sind Orte, wo die verschiedensten Tätigkeiten anfallen. Arbeit ist mit dem Einsatz von Kraft und Energie und dem Zurücklegen von Wegen verbunden. Geschicktes Arbeiten bedeutet, diese täglichen Aufgaben klug zu organisieren. Dadurch sparen wir Kraft und Energie und vermeiden unnötige Wege.

Auf unserem Bauernhof betrachten wir das Bauernhaus und unser Grundstück als eine Ansammlung von Arbeitsbereichen mit unterschiedlichsten Aufgaben. Je nach Dringlichkeit und Wichtigkeit platzieren wir die einzelnen Bereiche.

> **Wegweiser**

Permakultur heißt: erst denken – dann handeln. Da ist ein Plan sehr nützlich.

> **Praxisbeispiel:
Arbeitszonen auf unserem Hof**

Wir haben für unser kleines Reich schon unseren Plan erstellt und den Hof in verschiedene Zonen eingeteilt, die wir Stück für Stück gestalten (grüne Farbe bedeutet, dass die Ideen bereits umgesetzt wurden).

Zone 1:	• Haus mit Stall (Rinder, Ziegen, Hühner) und Stadel • Seminarraum mit Matratzenlager • Werkstatt, Küchenkräutergarten, Hühnerfreilauf, Brennholzlager • Hausbrunnen mit Wasserverteilungsmöglichkeit durch Eigengefälle (für Teich, Gewächshaus, Putenstall, Gemüsegarten)
Zone 2:	• Obst-, Gemüse-, Heilkräutergarten, stark gemulcht, dicht bepflanzt • lichter Waldgarten, mit Wegen erschlossen und mit zeitweiliger Wildkraut- regulierung • Gewächshaus • Putenstall mit Gründach und Freilauf • Rundwege für Pflege und Erntemaßnahmen und Führungen • Hanggarten, leicht terrassiert • Teich
Zone 3:	• Obstwald • Geflügelweide (beim Obstwald) • Zeltplatz für die Jugendarbeit mit Kompostklo und Solardusche • Lagerküche mit Selbstversorger- und Naschgarten (teilweise gemulcht und eingezäunt) beim Zeltplatz, Teiche • Getreideäcker • Dauerwiesen als Weide, zur Futtergewinnung und als Mulchlieferant • Obstbaumschule • Maschinenschuppen
Zone 4 und 5:	• Wald als Brenn- und Nutzholzlieferant • Regenwurmzucht • Pilzzucht • Wildniszonen • Regenwasserrückhaltebecken • Karpfenzucht

Einige Hinweise und Anregungen

Die Übergänge der einzelnen Zonen sind meist fließend und so gestaltet, dass alle anfallenden Aufgaben einfach und praktisch erledigt werden können. Je mehr Betreuung ein Bereich braucht, desto näher liegt er am Haus.

Manche ziehen sich als schmales Band in andere Zonen hinein, z. B. sind auf dem Weg zum Putenstall durchgehend Pflücksalate, Winterheckenzwiebel sowie einige Kräuter gepflanzt. Speisereste werden täglich zu den Puten gebracht, Salate und Kräuter bei Bedarf auf dem Rückweg mit in die Küche genommen. Kein Abfall, keine Kraftverschwendung und keine unnötigen Wege in der Permakultur.

Ich weiß nicht, wie groß dein unmittelbarer Wirkungsbereich ist. Sollte es kein Bauernhof oder Garten sein, so durchdenke die Organisation deines Betriebes, deiner Wohnung, deiner Küche, deines Arbeitsraumes. Unnötige Wege und Arbeitsabläufe gibt es nicht nur auf Bauernhöfen.

› Praxistipps: Zonen deines Wirkens festlegen und gewichten

Denke über die Bewegungs- und Energieabläufe in deinen Lebensbereichen nach.

- Wo arbeitest du praktisch, leicht, energieeffizient?

- Was kostet dich viel Mühe, Zeit, Geld?

- Zoniere deine Welt nach Wichtigkeit und Dringlichkeit deiner täglichen Aufgaben.

- Was falschläuft, das verändere und ordne neu.

Die Hanglage unseres Gemüsegartens ist keineswegs ein Nachteil: Die Terrassierung erleichtert auch einiges

Die Hühner haben ihren Stall wie alle unsere Tiere nahe beim Haus

41

Das erste große Bild entsteht

Jeder Tag ist ein guter Tag, um über den Sinn und die Gestaltung des eigenen Lebens nachzudenken. Auch ist es gut, mit Freunden darüber zu reden und Gedanken regelmäßig auszutauschen. Vertraue zuallererst aber deinen ureigenen Gedanken.

Versuche eigene Bilder deiner Zukunft zu malen. Setze sie am besten mit dem eigenen Verstand und der eigenen Kraft um. Du wächst mit der Aufgabe und hinterlässt deine persönliche Spur. Du hast alle Wahrnehmungs-, Erkenntnis- und Umsetzungsorgane von der Natur mitbekommen, die du für dein Leben brauchst. Lerne sie geschickt zu nutzen.

Warnung vor den falschen „Freunden"

Begib dich nicht in die Hände von Pseudogurus und Wunderwuzzis. Viele leben von Effekthascherei und sind nicht selten sterile Selbstbefruchter. Wenn dir einer das Schlaraffenland verspricht, so misstraue ihm. Er kommt vielleicht der menschlichen Neigung nach Trägheit entgegen, aber er lügt mit hundertprozentiger Sicherheit. Selbst Ameise und Eichhörnchen sorgen für ihren Unterhalt, und sinnvolle Arbeit ist doch keine Krankheit.

Deinen Talenten vertrauen

Was erkennen wir nicht alles an manchen Tagen? Halte die wesentlichsten und wertvollsten Gedanken schriftlich

Unsere Talente wachsen und blühen auf, wenn wir sie mit Vertrauen versorgen

Selbst unsere gestalterischen Skulpturen am Hof werden innerhalb kürzester Zeit besiedelt

fest. In der Alltagsroutine gehen sie zu leicht verloren.

Wir denken in diesem Zusammenhang gerne an die biblische Geschichte mit den Talenten. Wie oft ersticken wir die wahren Regungen unseres Inneren durch unsere Geschäftigkeit und gelangen dadurch nie zu unseren wirklichen Kraftquellen? Unsere Talente bleiben vergraben und erreichen kein Tageslicht.

„Unsere Wünsche sind Vorgefühle der Fähigkeiten, die in uns liegen", sagte Goethe.

Hab Mut, schärfe deine Sinne und vertraue deinem Sehnen. Beginne den Gedanken Form zu geben. Führe sie aus dem Kopf in die Hand.

› Wegweiser

Unsere Arbeit ist stets das Ergebnis sichtbar gewordener Gedanken. Wir sollten sie jederzeit gerne tun und nicht bloß erledigen.

› Praxistipp: Gedanken festhalten

Fertige dir eine Liste an, die alle wesentlichen Daten für dein zukünftiges Leben in Freude und Nachhaltigkeit enthält. Dazu gehören:

- alle Informationen zum Ort mit seinen Gegebenheiten (Ressourcen)
- alle deine persönlichen Talente und Wünsche
- Menschen, deren Wissen und Fähigkeiten du bei der Umsetzung deiner Vorhaben brauchst oder nutzen willst
- eine Kostenschätzung
- ein Budget
- eine Prioritätenliste
- eine Organisations- und Arbeitsvorstellung
- ein Zeitrahmen für die Umsetzung

◆ Aus dem Kopf in die Hand

In diesem Kapitel erfährst du, ...

... dass hinter jedem erfolgreichen
Projekt ein kluger Plan steht.

... welchen Typ „professionellen"
Planer du lieber meiden solltest.

... wie du die Gestaltung deines Gartens selbst in die Hand nimmst.

... welche sehr einfache Vorgangsweise
wir für den ersten Plan empfehlen.

... wie du bei dieser Aufgabe auch
Erfolg hast, wenn du im Zeichnen
nicht begabt bist.

Am Anfang
steht ein guter Plan

*Als Landschaftsgärtner fragen mich, Sepp,
Kunden immer wieder nach einem Plan, der
eine Vorstellung vom zukünftigen Garten
vermitteln soll. Über das Planen habe ich
im Laufe der Jahre viel gelernt, und das
Wichtigste möchte ich an dieser Stelle wei-
tergeben.*

Die Kunst des Planens

Sobald ich mit den örtlichen Gegebenheiten und den Wünschen und Möglichkeiten meiner Kunden vertraut bin,
entsteht innerhalb kürzester Zeit vor
meinem inneren Auge ein klares Bild
des neuen Gartens.

Es fällt mir sehr leicht, mir Dinge
vorzustellen, dennoch bin ich kein
guter Zeichner. Meine Kunden haben
ein Recht auf einen sichtbaren Entwurf
meiner Gedanken. Und für mich ist
wichtig zu erfahren, ob ich ihre Anlie-
gen richtig verstanden habe.

Die Kunst des Planens besteht nicht
darin, sich auf anderer Leute Grund
selbst zu verwirklichen. Sie besteht in
der Kunst, Menschen in gestalteten
Räumen zurückzulassen, in denen sie
sich selbst finden und sich wohl fühlen.
Alles muss auch umweltfreundlich,
praktisch und finanzierbar sein.

Gute Planer rühren an der inneren
Sehnsucht und respektieren gleichzeitig äußere Realitäten. Sie gießen
beides in ein umsetzbares Bild. Das gilt
übrigens für alle Dinge, die man planen
kann, aber in der Permakultur ganz
besonders, weil sie sämtliche Lebensbereiche betrifft.

Mit ein bisschen Kreativität und Experimentierfreude
eröffnen sich mit ein und demselben Ausgangsmaterial
(hier: Weidenstecken) ...

... ganz unterschiedliche Gestaltungsmöglichkeiten,
je nach persönlichem Geschmack und Bedürfnissen

Oben: eine attraktive Begrenzung.
Mitte: ein „Schlupfloch". Unten: eine Oase zum Relaxen

Viele Menschen lassen sich einen Garten planen und durchstylen. Ein Heim mit Herz und Verstand leistet mehr, als dem Auge zu gefallen

Richtige und weniger geeignete Ansätze

Praktizierende Permakulturleute, die wir kennen, sind Allrounder, ausgestattet mit einem scharfen Verstand, einem einfühlsamen Herzen, geschickten Händen und einer unbändigen Lust am Gestalten. Sie wissen viel und können viel. In den meisten Lebenslagen kommen sie selbst zurecht. Sie entwerfen ihre Pläne selbst und setzen sie auch selbst um.

Neulinge lassen sich öfters Pläne anfertigen und Anlagen hinstellen. Normalerweise beginnen sie nach einem Permakultur-Crashkurs mit dem Gärtnern. Sie betreten enthusiastisch völliges Neuland und sind mit der Betreuung ihrer Anlagen allzu leicht überfordert. Klappt nicht alles auf Anhieb, geraten sie in Panik oder sind frustriert.

Es gibt auch zu viele Wanderprediger, die selbst keinen Garten betreiben oder nur das Lied von der sich selbst regelnden Natur mit Hängematte singen. Sie nähren Illusionen und schaden dem Ruf der Natur und der Permakultur.

Permakulturräume sind speziell ökologisch bewirtschaftete Räume. Seriöse Permakulturplaner begleiten ihre Kunden bei ihren Projekten, bis sie diese selbst bewältigen.

› Praxistipp: Was dir ein guter Plan erleichtert

Permakulturfreunde tragen die Entwürfe der eigenen ökologischen Zukunft nicht nur im Kopf herum, sondern bringen sie zu Papier. Das hat viele Vorteile:

· Die Gefahr des Vergessens besteht nicht.
· Du hast eine Kontrolle, ob alles gut durchdacht ist.
· Du kannst Denkfehler schneller erkennen.
· Du kannst deine Projekte bei Ämtern und Behörden vorstellen und erklären.
· Du kannst die Pläne bei Bedarf jederzeit ergänzen, verbessern oder verändern.
· Du kannst Ausmaß, Zeit und Art der Umsetzung deiner Projekte besser einteilen und überprüfen.
· Organisationsaufgaben werden klarer.
· Budget und Kosten bleiben im Blickfeld.

› Wegweiser

Permakultur ist lernbar und will erlernt sein. Klein beginnen und mit der Erfahrung wachsen, das ist unser permakultureller Rat. Dennoch, liebe Leserin, lieber Leser, geh mutig und beherzt voran. So viele Gedanken hast du bis jetzt schon gesponnen, gib ihnen ein Gesicht!

Skizzen und Modelle

Viele erschrecken, wenn sie etwas zeichnen müssen. Eigentlich besteht kein Grund dazu. Es ist nach wie vor eine wertvolle Möglichkeit, unseren Ideen Gestalt zu verleihen. Mit Hilfe von Skizzen ist es wesentlich leichter, Gestaltungsideen darzustellen, sie anderen zu erklären und wenn nötig bis ins Detail zu verfeinern. Du kannst dich dann später mit Technikern, Mitarbeitern und Helfern präzise verständigen, was geschehen soll und wie es geschehen soll. Wer sich mit Skizzen schwertut, wer auch nach langem Üben schon vor der Verzweiflung steht, dem möchten wir eine einfache Technik zeigen, die sich wunderbar zum Experimentieren eignet.

Schritt für Schritt:
Das Erstellen eines Planes

1. **Fotografieren:** Nimm einen Fotoapparat und fotografiere alle Seiten deines Grundstücks vom Haus aus. Steig auch auf das Dach und fotografiere das Grundstück nach allen Seiten von oben. Gehe an die Grundstücksgrenze und fotografiere von allen Seiten zum Haus. Im Idealfall hast du eine Digitalkamera. Du kannst die Bilder sofort auf den tatsächlichen Aussagewert prüfen, sie am PC auf DIN A4 vergrößern und ausdrucken. (Bei manchen Projekten ist sogar DIN A3 oder noch größer ideal. Ich kann mit meinem Bildbearbeitungsprogramm sogar auf Flipchartgröße ausdrucken, wenn die Auflösung stimmt.) Auch hier kann dir ein Freund helfen. Du hast damit nicht unbedingt einen genauen Maßstab, aber genaue Größenvergleiche.

   Tipp: Wenn du das nicht selbst machen kannst, bitte einen Freund darum und biete ihm eine Gegenleistung, über die er sich freut.

2. **Grobe Zeichnung mit Transparentpapier:** Dann besorgst du dir einen Entwurfsblock mit hochtransparentem Zeichenpapier oder – sollte dein Projekt umfangreicher sein – sogar eine Skizzenpapierrolle. Lege ein Transparentpapier über den Fotoausdruck und zeichne darauf deine geplanten Elemente, Ansichten und Aussichten. Zeichne zunächst grobe Umrisse und lass überflüssige Details weg. Foto und Zeichnung zusammen zeigen dir, wie sich deine Absichten auf Haus, Garten und Umgebung optisch auswirken.

3. **Skizzenblatt 1:** Für den Gesamtüberblick nimm die Bilder von oben und füge sie zusammen. Lege ein Skizzenpapier darüber. Beginne systematisch, zeichne nicht sofort alles auf ein Skizzenblatt. Das erste Blatt enthält vielleicht Informationen über die Geländeneigung, Sonnen- und Schattenbereiche und Windschleusen.

4. **Skizzenblatt 2:** Lege das nächste Papier darüber. Das zweite Blatt zeigt die Wege, die sich das Wasser auf deinem Grundstück sucht.

5. **Skizzenblatt 3:** Das dritte Blatt stellt die Ausdehnung der einzelnen Zonen dar.

6. **Skizzenblatt 4:** Das vierte Blatt zeigt die einzelnen Elemente innerhalb der Zonen, wie die exakten Gehwege, die verschiedenen Beete und Pflanzbereiche, Kompoststatt und Gewächshaus etc.

Auf diese Art schaffst du dir einen klaren Überblick über dein Projekt. Probier, bis du mit deinem Entwurf zufrieden bist. Jedes weitere Blatt ist dann schon eine Detailzeichnung zu den einzelnen Elementen.

> **Praxisbeispiel:
> Muster für einen
> Permakulturentwurf**

Als Muster siehst du
den Permakultur-
entwurf für den Inner-
greinhof.

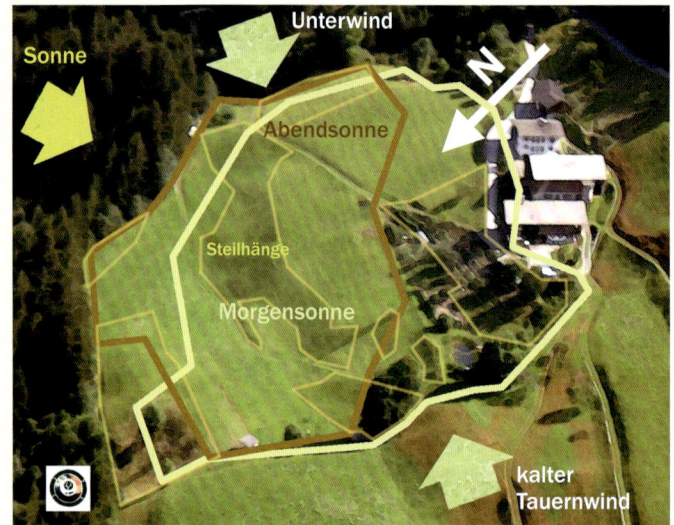

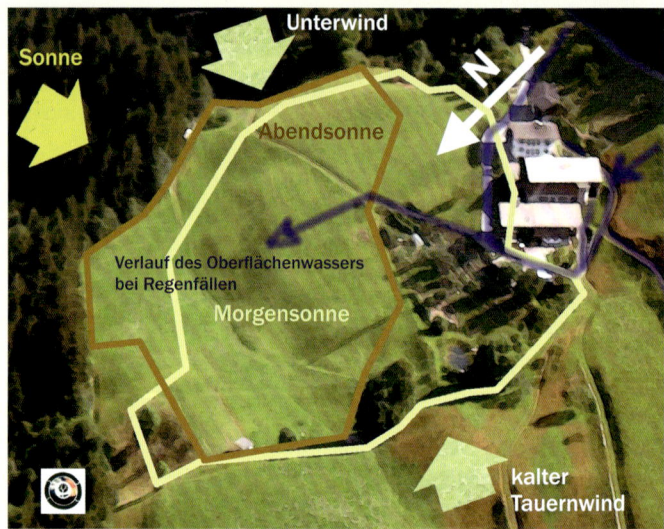

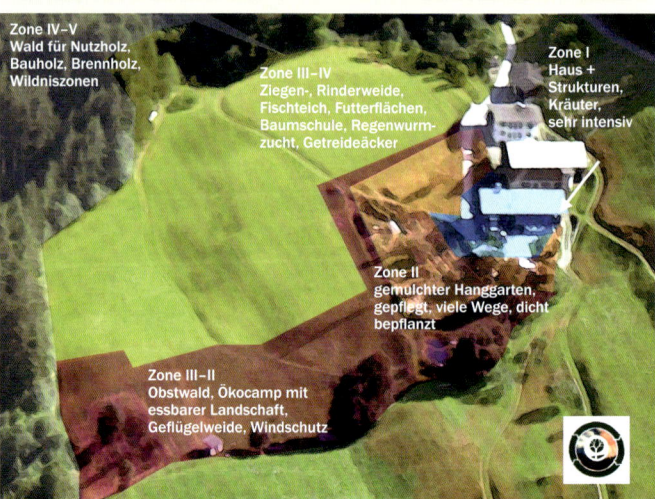

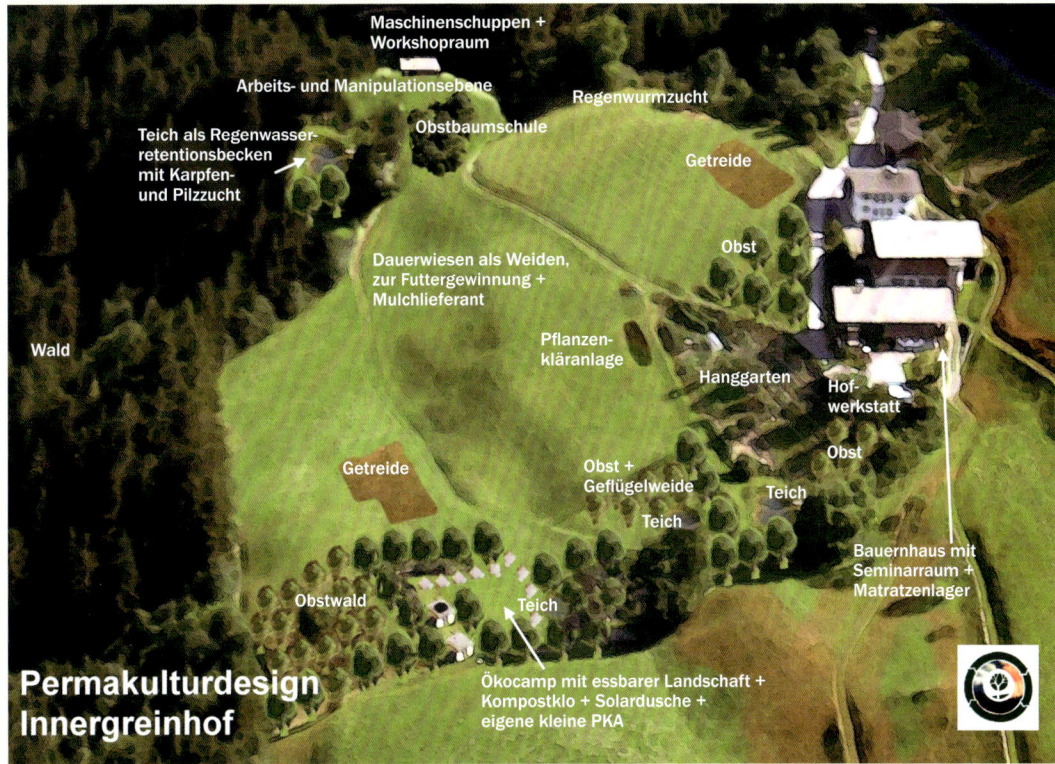

Permakulturdesign
Innergreinhof

Labels on image:
Maschinenschuppen + Workshopraum
Arbeits- und Manipulationsebene
Regenwurmzucht
Obstbaumschule
Teich als Regenwasser-retentionsbecken mit Karpfen- und Pilzzucht
Getreide
Obst
Dauerwiesen als Weiden, zur Futtergewinnung + Mulchlieferant
Pflanzen-kläranlage
Wald
Hanggarten
Hof-werkstatt
Obst
Getreide
Obst + Geflügelweide
Teich
Teich
Bauernhaus mit Seminarraum + Matratzenlager
Obstwald
Teich
Ökocamp mit essbarer Landschaft + Kompostklo + Solardusche + eigene kleine PKA

Planung Schritt für Schritt

Noch Schwierigkeiten? Es geht auch anders

Nun gibt es Leute, die trotz allem Bemühen keinen Zugang zum Zeichnen finden. Sie waren in ihren Kindertagen aber unheimlich gut im Sandburgen-bauen. Also, warum nicht ein paar Schubkarren Sand in den Garten oder raus zur Sandkiste der Kinder? Und los geht's.

Modelle sind dreidimensional und vermitteln oft noch einen perfekteren Eindruck vom zukünftigen Paradies.

꘎ Praxistipp: Modelle statt Zeichnungen

Ein paar Kartons, verschiedene Farben und Klebebänder, ein paar Zweiglein von Bäumen und Sträuchern, ein paar Steinchen und etwas Moos, und du erhältst den ersten sichtbaren Aus-druck deines Traums.

· Probiere und tüftle, bis du zufrieden bist.
· Gehe im Denken genauso syste-matisch vor wie beim Zeichnen.
· Fertige auch Modelle einzelner Ele-mente, du wirst dir damit über deren praktische Umsetzung klar.
· Fotografiere dein Modell.

꘎ Wegweiser

Die Phantasie ist eine starke, wichtige Kraft für die Permakultur, und klare Bilder erleichtern die Umsetzung. Permakultur ist ein freudvoller, ganz-heitlicher Lebensstil mit klugem Kon-zept und klarem Plan.

Aus dem Kopf in die Hand

◆ Erste Schritte im Garten

In diesem Kapitel erfährst du, ...

... woraus unser Boden aufgebaut ist und unter welchen Bedingungen er ertragreich ist.

... wie du den Zustand des Bodens in deinem Garten beurteilen lernst.

... warum und wie mit der „Mulch-total-Methode" wohlriechende Erde entsteht.

... was beim Anlegen eines Kompostplatzes zu bedenken ist.

... dass du ohne großen Aufwand bei dir zu Hause „schwarzes Gold" züchten kannst.

... welche Wunder uns meist verborgen bleiben, aber erheblichen Einfluss auf deinen Garten haben.

... für welche vielfältigen Zwecke Gesteinsmehl einsetzbar ist.

Den Boden kennen lernen

Unser Leben ist untrennbar mit dem Leben der Pflanzen verbunden. Das ist Naturgesetz. Die Pflanzen wiederum sind an die Gesetze des Erdbodens gebunden. Da wir uns großteils von Pflanzen ernähren, besteht auch zwischen Boden und Menschen ein silbernes Band – ein unmittelbarer Zusammenhang, der von vielen Artgenossen zeitlebens nicht erkannt wird. Materiell betrachtet sind wir nach außen gestülpter Boden.

Grundlagenwissen über den Boden

Unsere Erdrinde ist ein dünnes Häutchen aus verschiedensten Kristallen. Sie entspricht im Größenvergleich der Erde mit dem Apfel nicht einmal einer dünnen Staubschicht auf der Apfelschale. Die äußerste Schicht dieses Häutchens (unser direkt nutzbarer Garten- und Ackerboden) und ihr Aufbau bestimmen Wohl und Weh unseres Daseins.

Jeder und jede prüfe sich einmal selbst und wird erschrecken, wie wenig er oder sie von den Dingen der Natur, von denen unser Leben abhängt, wirklich weiß. Diese feine Decke zwischen den undurchdringlichen Gesteinsschichten und den grünen Pflanzenteppichen wollen wir pflegen, so gut wir können.

Unter dem Einfluss von Sonne, Wind und Wetter hat sich aus Gestein der Boden gebildet. Inmitten dieser zu Staub zermahlenen Felsen leben kleinste Bodenlebewesen. Ihr Wirken lenkt unzählige wichtige Vorgänge (z. B. Humusbildung und Stickstofffreisetzung) und bildet und erhält die Fruchtbarkeit. Eine Hand voll guter Gartenerde beherbergt über 4 Milliarden Organismen.

Eigenwillige, kultivierte Einzelgänger

Während die Pflanzen und Tiere schon sehr gut erfasst und genau beschrieben sind, ist es bei den Böden etwas schwieriger. Böden sind Einzelgänger und lassen sich durch die Verschiedenheit ihrer Bestandteile und die unterschiedlichen Einwirkungen von außen nicht so leicht allgemein beschreiben.

In unseren Siedlungsräumen haben wir es in den seltensten Fällen mit Naturböden zu tun. Irgendjemand hat schon vor uns auf irgendeine Art den Boden genutzt. Es handelt sich also um Kulturböden, um gezähmte Böden mit bestimmten Anforderungen.

Jeder Gärtner, jede Gärtnerin muss seinen/ihren Boden gründlich kennen lernen, damit er bzw. sie weiß, was der Garten braucht und welche Aufgaben ihm zugemutet werden dürfen.

Dazu fallen mir stets die Sätze aus dem Buch „Der kleine Prinz" von Antoine de Saint-Exupéry ein: „Und der Fuchs sagte zum kleinen Prinzen: ‚Die Menschen haben diese Wahrheit vergessen. Aber du darfst sie nicht vergessen. Du bist zeitlebens verantwortlich für alles, das du dir vertraut gemacht hast.'"

Erde ist kein Schmutz. Als Erstes machen wir unsere Nase, Hände und Augen mit dem Boden vertraut

von oben nach unten: 1., 2., 3. Schritt

Leitfaden: Bodenkontrolle

Jede Bäuerin und jeder Gärtner sollte sich ab und zu über den Zustand des Bodens informieren.

· Wie sieht die Bodenstruktur aus?
· Wie die Durchwurzelung?
· Haben sich undurchlässige Schichten gebildet?
· Findest du unseren lieben Freund, den Regenwurm?

In der Folge stellen wir einfache, günstige und aussagekräftige Bodenuntersuchungsmethoden vor.

Die Spatenprobe

Die Spatenprobe gibt Praktikern erste wertvolle Hinweise, welche Maßnahmen hinsichtlich Bodenbearbeitung und Düngung zu treffen sind. Die Abbildungen zeigen, wie die Spatenprobe genommen wird:

1. Vor dem Spaten wird eine Rinne in Spatentiefe und Spatenbreite ausgehoben. Links und rechts werden seitlich Schlitze gestochen.

2. Der Spaten wird ca. 15–20 cm hinter dem ersten Anstich noch einmal senkrecht eingestochen, während der Boden mit einem Brettchen zum Spatenblatt gedrückt wird. Der Bodenblock wird vorsichtig herausgehoben und zur Beurteilung irgendwo aufgelegt. Farbe, Struktur, Regenwürmer, krümelige Zonen, feste Zonen, Wurzelverläufe und Anzahl der Wurzeln geben erste, eindeutige Auskünfte.

3. Wir lassen den Bodenblock anschließend zu Boden fallen. So erfahren wir noch mehr über die Struktur.

Die Größe der zerbröckelten Teile und sichtbare Krümel lassen weitere Rückschlüsse auf den Bodenzustand und die Bodenzusammensetzung zu.

Die Schlämmanalyse

1. Ein kleiner Teil der Spatenprobe wird in ein größeres Glasgefäß gegeben und mit Wasser aufgegossen.

2. Die Probe verschütteln und dann in Ruhe stehen lassen, bis sich die einzelnen Bodenbestandteile in Lagen abgesetzt haben.

Auch die so genannte Schlämmanalyse
gibt über die Güte der Erde Auskunft

- **mittlerer Boden:** beschmutzt Finger merklich, leicht bis deutlich formbar; je rauer, desto höher ist der Sandanteil (lehmiger Sand, sandiger Lehm)

- **schwerer Boden:** beschmutzt Finger stark; lässt sich gut formen; glatte, glänzende Gleitfläche (Lehm- oder Tonboden)

von oben nach unten:
1. Leichter Boden
2. Mittlerer Boden
3. Schwerer Boden

Das Volumen der einzelnen Schichten gibt Auskunft über die Bodenbestandteile und erleichtert die Entscheidung über zukünftige Pflege- und Nutzungsmöglichkeiten.

Die Fingerprobe

1. Bei der Fingerprobe wird ein kleiner Teil der Spatenprobe vorsichtig mit etwas Wasser angefeuchtet (das Substrat soll feucht, aber nicht breiig werden).

2. Von dieser präparierten Probe nimmt man eine kleine Menge in die Hand und drückt sie zusammen.

Mit Gefühl und anhand einiger sichtbarer Merkmale lassen sich verschiedene Bodenarten erkennen:

- **leichter Boden:** fühlt sich rau an, ist schwer formbar, Finger wenig verschmutzt (Sandboden)

Die Riechprobe ist eine der einfachsten und doch aussagekräftigsten Methoden zur Überprüfung der Bodenqualität

Die Riechprobe

Gesunder, lebendiger Garten- oder Ackerboden erinnert im Duft an Walderde.

Die Trinkprobe

1. Ein kleiner Teil der Spatenprobe wird in kaltem oder heißem Trinkwasser gründlich verrührt.

2. Nach einiger Zeit nimmt man einen Schluck und prüft:
   - „Süß" ist gut.
   - Salziger oder bitterer Geschmack ist ein Hinweis auf falsche Bodenpflege.

3. Die Probe ausspucken, den Mund spülen.

Langfristig Fortschritte machen

Allein mit unseren Sinnen können wir schon viel über unsere Böden erfahren. Es lohnt sich, die Sinne zu schärfen und die Wahrnehmung auf allen Ebenen zu schulen. Besuche einen Kurs, bei dem du dir Grundkenntnisse in der

Bodenbeurteilung erwerben kannst! Bitte einen Bauern oder eine Gärtnerin in deiner Nähe, ob sie dir bei der Beurteilung deiner Bodenproben beratend zur Seite stehen. Eingehende Untersuchungen werden von eigenen Bodenlabors angeboten und sind teuer, aber manchmal notwendig.

❯ Wegweiser

In der Permakultur müssen wir uns zuerst mit den Dingen vertraut machen, bevor wir Verantwortung übernehmen können. Wir tun also alles, um den Boden kennen zu lernen und in seinem bestmöglichen Zustand zu erhalten bzw. ihn dahin zu bringen. Er ist die Wiege unserer Gesundheit. Wir halten alle schädlichen Einflüsse fern, z. B. starke, direkte Sonneneinstrahlung, übermäßige Auswaschung durch Regen, übertriebene Bearbeitung mit Maschinen und Geräten, Überdüngung oder Verseuchung mit Chemikalien.

Mutter Natur ist im Rahmen ihrer Möglichkeiten immer großzügig. Die Spendenfreudigkeit lässt sich durch überlegte und liebevolle Pflege beträchtlich erhöhen.

Das Ergebnis hervorragender Erde sind gesunde Pflanzen und ein bunter Garten

Mulch, Kompost und Regenwurm

Aufmerksame Gärtnerinnen und Gärtner wissen um die Bedeutung des Bodenlebens. Dieses fleißige Riesenvolk im dunklen Untergrund arbeitet rund um die Uhr an der Verbesserung der Fruchtbarkeit. Ihr Leben hat Freude daran, wiederum neues Leben hervorzubringen. Gesunde Pflanzen, Tiere und Menschen sind das Ergebnis ihres Werkens. Wir denken, es ist nur gerecht, wenn wir den unermüdlichen Gesellen ein bekömmliches, kräftiges Mahl und eine angenehme Unterkunft bereiten.

Vorteile des Mulchens

Am Innergreinhof fällt alle Jahre mehr Heu an, als wir zum Füttern unserer Haustiere brauchen. Dadurch hat sich bei uns automatisch das Gärtnern mit Mulch angeboten. Als Selbstversorgerhof mit Kreislaufwirtschaft bleiben alle Rohstoffe am Hof. Wir können uns den Luxus leisten, einen Teil des Heus unserem Garten als Schutzmantel zu schenken.

Unser Gartenboden ist während des ganzen Jahres bedeckt. Die Mulchwirtschaft ist somit zur tragenden Säule unseres Gartens geworden. Gegenüber anderen Gartenbaumethoden bietet sie zahlreiche Vorteile.

- Wenn wir ein neues Stück Garten oder Acker anlegen, brauchen wir weder Pflug noch Spaten. Wir bedecken die Wiese mit einer dicken Schicht Heu und erneuern diese, sobald das Grün versucht durchzudringen. Nach einem Jahr ist die Grasnarbe so weit abgebaut, dass wir pflanzen können. Vielleicht müssen

Mulchen ist günstig, einfach und effizient. Heu eignet sich für diesen Zweck besonders gut, aber auch wer keinen Bauernhof hat, wird mit unseren Anregungen den passenden Weg finden

Schon bald nach dem Mulchen bahnen sich erste Pflänzchen einen Weg ans Licht

wir an einigen Stellen noch Grasnarbenreste mit einer Forsthaue umdrehen, meistens aber ist das nicht nötig. Der Boden ist mürbe und voll von Regenwürmern, und es genügen unsere Hände als Pflanzwerkzeuge zum Gemüsepflanzen.

- Unser Garten liegt am Steilhang und braucht Schutz vor starken Regenfällen. Die Mulchschicht bremst die Schlagregenfälle hervorragend ab und lässt das ersehnte Nass gemächlich in den Boden sickern. Die belebte Erde saugt den Segen wie ein Schwamm auf und hält ihn fest. Sie gibt ihn langsam an Pflanzen und Unterboden ab. Die kostbare Krume bleibt an ihrem Platz und wird nicht abgeschwemmt. Das Wasser verduns-

tet nicht so schnell. Die Erdoberfläche ist nie verkrustet, und das lichtscheue Bodenleben fühlt sich wohl und vermehrt sich freudig.

- Bakterien, Algen, Pilze, Würmer, Käfer und Asseln finden eine ideale Stube für sich und ihre Kinder. Sie saugen und knabbern am reich gedeckten Tisch. Diese harmonische Symphonie des Schlürfens und Schmatzens sorgt für üppiges Wachstum oberhalb der Heuschicht. Vielleicht klingt das alles etwas naiv, tatsächlich aber läuft es so ab.

Die Verdienste der „anderen Leut"

Wir üben uns täglich in Demut und haben längst begriffen: Die Bodenlebewesen sind keine primitiven Lebensformen, es sind nur „andere Leut".

Zusätzliche Düngung ist in unserem Garten überflüssig. Unser Ausgangsboden ist ein mittlerer bis leichter Braunerdeboden. Innerhalb weniger Jahre ist unsere Erde spatentief und darüber von gleicher Farbe und Struktur, und sie duftet nach Waldboden.

Eines unserer wichtigsten Werkzeuge ist die Zeit geworden, denn die Natur arbeitet gerne für uns, kennt dabei aber keine Eile. Wir haben das Warten gelernt, weil es sich lohnt.

Hinweise zur „Mulch-total-Methode"

Wenn du dich für die „Mulch-total-Methode" entscheidest, weil du geeignete Ausgangsmaterialien hast, musst du einige Dinge mit bedenken:

- In den ersten zwei Jahren braucht der Boden Zeit, um sich auf die neue Bearbeitung einzustellen. Das Bodenleben nutzt das Nährstoffangebot großteils für sich, um stark und kräftig zu werden. Nach dieser Aufbauphase wirst du mit guten Erträgen

Im Winter braucht der Boden eine Ruhephase, und es kann schon zwei Jahre dauern, bis das Mulchen seine volle Wirkung entfaltet und deine Geduld reich belohnt

belohnt. Also am Anfang bitte keine Rekordernten erwarten.

- Im Frühjahr erwärmt sich die Erde durch die Bedeckung etwas später. Während des Sommers ist sie vor Hitze und Sonnenlicht geschützt. Im Herbst ist sie viel länger warm und aktiv. Im Spätherbst schließlich bringen wir auf der gesamten Gartenfläche eine dicke Mulchschicht (20 cm) auf, von der im Frühjahr nur ein dünnes Häutchen übrig ist. Das ist unsere Beobachtung zum so genannten Winterschlaf des Bodens, der in der Gartenliteratur öfters erwähnt wird. Allerdings schläft der Boden selten.

Geeignete Mulchmaterialien

- Für uns am Hof ist **Heu** ein ideales Mulchmaterial, da wir reichlich davon haben. Es ist für das Bodenleben bekömmlicher als Stroh und

pappt nicht wie Rasenschnitt oder gehäckseltes Stroh aus der Strohmühle. Die Bodenluft kann leichter zirkulieren. Der Gasaustausch zwischen Boden und Pflanze funktioniert ideal.

- **Stroh** sollte vor dem Mulchen leicht angerottet werden, indem man es mit ein paar Schaufeln Erde oder Kompost versetzt und gut anfeuchtet. Es verbindet sich dann besser mit dem Boden und wird vom Bodenleben schneller angenommen.

- Frischen **Rasen- oder Grünschnitt** verwenden wir zum Mulchen nicht, da sie – zu dick aufgetragen – faulen, übel riechen und Schnecken anziehen. Dünn und locker aufgetragen (3–4 cm) taugen sie zwar, verbrauchen sich aber schnell. In lockerem, getrocknetem Zustand ergeben sie ein traumhaftes Mulchmaterial.

Ein lebendiger Boden will immer gut bedeckt sein

vermischt werden, kann man sie auch in den Beeten verwenden. Idealer noch eignen sich diese vorkompostierten Materialien zum Abdecken der Baumscheiben.

· **Karton und Zeitungen** verwenden wir nicht, darum haben wir auch keine Erfahrungen mit diesem Material.

· Der gesamte **Mist** unserer Haustiere wird bei uns am Hof kompostiert. Wir verwenden für unsere Haustiere Heu als Einstreu, weil es uns nichts kostet. Der Kot der Tiere, vermischt mit reichlich Heu und Urgesteinsmehl, bildet eine ideale Ausgangskomposition für wunderbaren Kompost. Wir verwenden ihn für die Wiesenpflege oder bereiten Spezialerden für Jung- und Topfpflanzen.

Lieber nicht

Wir halten nichts von den so genannten Kunstdüngern. Die Pflanze wird mit dieser Art der Düngung zwangsernährt, wie eine „Leberpastetengans". Das Bodenleben leidet unter solchen Eingriffen. Bei uns werden alle organischen Substanzen durch die Mikroorganismen abgebaut, mineralisiert und so für die Pflanzen verfügbar gemacht. Die Pflanze hat die Wahl, sich zu holen, was sie momentan gerade braucht. Trotzdem muss man auch bei Kompost vorsichtig sein, denn man kann auch mit ihm überdüngen und den Boden aus dem Gleichgewicht bringen.

Nach der Wahl des Materials

Hausgärtner haben meistens keinen Mist. Sie müssen sich mit holzigem Kleinmaterial, Laub, Gras- bzw. Rasenschnitt und Küchenabfällen behelfen. Entweder werden die einzelnen Materialien vor dem Aufsetzen gründlich

· **Holzhackgut, Rindenschrot, Hobel- und Sägespäne** bringen wir bei uns nur auf die Gartenwege. Als Mulch für die Beete sind sie zu sauer und sie rauben den Pflanzen die Nährstoffe. Wenn sie allerdings vorkompostiert und mit Gesteinsmehlen zerkleinert und zusammengemischt oder die Rohmaterialien werden abwechselnd in dünnen Schichten aufgesetzt, in Form von Haufen oder in Behältern. Dabei ist zu sagen, dass das Angebot an Kompostbehältern groß ist, viele Varianten jedoch eher dem Händler als dem Gärtner helfen. Wir lieben die einfachen Holz- und Drahtkonstruktionen. Sie können selbst hergestellt werden, sind billig und funktionieren gut. Sie lassen sich praktisch und ästhetisch gestalten.

Einrichtung eines Kompostplatzes

- **Schutz:** Der Kompostplatz braucht Schutz vor Regen und direkter Sonnenbestrahlung. Warum nicht unter einem Holunderbusch?

- **Planung:** Er soll großzügig geplant sein, mit Raum zum Arbeiten und zum zeitweiligen Lagern von Kompostkomponenten (Häcksel, Erde, Rasenschnitt etc.). Die Fässer für die Kräuterjauchen finden dort ebenfalls ihren Platz.

- **Größe:** Kompostbehälter sollen mindestens 1,5–2 m³ Rauminhalt haben, damit die Heißrotte stattfinden kann und unerwünschte Samen und Krankheitskeime absterben können. Bei uns am Hof arbeiten wir mit **Mieten** und bevorzugen eine kühlere Rottelenkung. Die Mieten werden nicht höher als 60–70 cm und nicht breiter als 180 cm angelegt.

- **Luftkanal:** Durch die Mitte der Mietenbasis führt längs ein Luftkanal. Er ist aus Holzleisten gefertigt. So bilden sich im Kern keine sauerstoffarmen Verdichtungszonen. (Solche Zonen sind leicht erkennbar: Sie sind dunkel, schillernd gefärbt, schmierig und stinken.) Der Luftkanal kann auch ein 120-mm-Kanalrohr sein, das an allen

Seiten reichlich mit Löchern versehen wird.

Vorteil: Es verrottet nicht, kann lange genutzt und leicht nahtlos verlängert werden.

Nachteil: Es besteht aus Kunststoff.

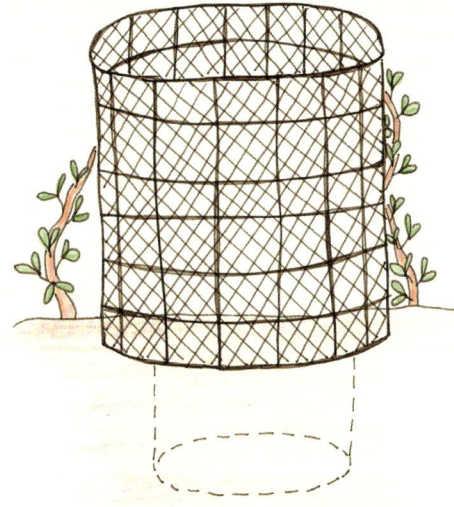

Drahtkorb – Kompost – Spalierkombi

Mieten bestehen aus mehreren Schichten von Kompostmaterial

Höchst willkommene „Untermieter" unserer Mieten: Regenwürmer helfen kräftig mit, wenn es darum geht, aus Mist die weltbeste – und völlig natürliche – Gartenerde zu erzeugen

- **Zum Schluss:** Die Mieten werden gut mit Heu abgedeckt, denn durch die vermehrte Luftzufuhr besteht die Gefahr der Austrocknung. Unsere Mieten werden schnell von Würmern besiedelt.

Mit dieser Methode verwandelt sich unser Mistkompost innerhalb eines Jahres ohne Umsetzen und ohne Präparate in dunkle, wohlriechende Erde.

Einfache Feuchtigkeitsprobe

Kompostmaterial in der geschlossenen Hand fest zusammenpressen.

- Treten einige Tropfen zwischen den Fingern heraus, passt die Feuchtigkeit.
- Tropft es stark oder beginnt die Flüssigkeit zu rinnen, ist der Kompost zu nass.
- Erscheint kein Tropfen, ist er zu trocken.

Öfters kontrollieren.

Was auf den Kompost gehört

Gartenabfälle, Baum- und Strauchhäcksel, Laub, Wiesen- und Rasenschnitt, Mist, Laub, Stroh, Küchenabfälle ohne Fleisch, Treber, Holzasche, Kräuterjauchen, Haare, Federn, Papier und Karton (keine Hochglanzdrucksorten).

Was nicht auf den Kompost gehört

Kunststoffe (Plastiktaschen, Joghurtbecher, beschichtete Tetrapacks), Zigarettenabfälle, Metallreste (Aludosen, Bierdeckel, Nägel und Schrauben), Glas, Steine, schwer verrottbare organische Materialien (ganze Knochen, Leder).

Das Aufsetzen

1. Am Boden die Grasnarbe entfernen und den Grund mit der Grabgabel lockern.
2. Eine 20-cm-Schicht gröberes Material (Holzhäcksel) aufschichten,

damit von unten Sauerstoff an den Kompost kommt und das Sickerwasser, das während der Heißrotte entsteht, aufgesaugt wird.

3. Warten, bis ungefähr 1–2 m³ Kompostmaterial zur Verfügung stehen. Alles zerkleinern und gut mischen. Je größer die Menge und je verschiedener die Materialien sind, desto eher gelingt es, eine brauchbare Mixtur zu erhalten. Das Verhältnis von Grob- und Feinteilen ist ausgeglichener und das Stickstoff-Kohlenstoff-Verhältnis passt. Etwas fertiger Reifekompost sowie ein paar Schaufeln Erde und Gesteinsmehl pro m³ mitgemischt bringen den Verrottungsvorgang in Schwung.
Tipp: Grundsätzlich sind für das Kompostieren keine Starterpräparate notwendig, denn die Natur arbeitet schon seit Jahrmillionen ohne diese Hilfsmittel. Wer will, kann in diesem Bereich selbst experimentieren. Der beste Starter ist eine harmonische Grundmischung mit ausreichender Feuchtigkeit und Belüftung.

4. Komposthaufen abdecken (Stroh, Kompostvlies).

Richtig aufgesetzter Kompost stinkt nicht.

Einfacher Reifetest

Beim Keimtest mit schnell keimenden Sämlingen wird sichtbar, ob der Kompost schon auf unsere Pflanzenkinder losgelassen werden darf.

1. Am besten nehmen wir einen Suppenteller. Wir befüllen ihn mit Kompost und befeuchten ihn.

2. Wir säen Gartenkressesamen und bedecken den Teller mit einer durchsichtigen Folie. So bleibt das Substrat schön feucht.

3. Nach einem Tag sind bereits die ersten Keimlinge zu sehen, nach 2–4 Tagen sollten die meisten Samen aufgegangen sein. Nach dem Aufgehen entfernen wir die Folie.

Ergebnis:

- Ist der Samen nicht aufgegangen, lässt man den Kompost noch reifen. Ist er gut aufgegangen, kann man nach weiteren 2 Tagen an der Farbe der Keimblätter noch mehr ablesen:
- Sattes Grün weist den Kompost als sehr reif aus. Reifer Kompost ist ein wertvoller Dauerhumusbildner. Gelbe oder gar braune Blätter weisen auf einen unreifen Nährkompost hin, den wir vorsichtig zum Düngen einsetzen.

Beim Keimtest werden probeweise Kressesamen in Komposterde gesät

Wenn die Kresse so schön wächst, ist der Kompost fertig!

Die „Bildende Kunst" der Regenwürmer: Eine perfekte Blumenkohlrose.
Wenn dieses Bild kein Anreiz ist, eine Wurmfarm aufzuziehen ...

Weitere Überlegungen

Uns persönlich sind die praktischen Prüfungsmöglichkeiten am liebsten. Sie erfordern kein großes theoretisches Wissen und keine technischen Spezialgeräte, liefern aber trotzdem klar interpretierbare Ergebnisse.

Früher hat man den Kompost gerne in Schichten aufgesetzt. Es kam durch falsche Komponenten und ungeschickten Aufbau häufig zu Rottestörungen. Wir halten von dieser Methode nichts. Sie dient leider häufig bloß dazu, die wertvollen Grundstoffe möglichst rasch aus dem Sichtbereich zu entfernen. Ihr Dasein ist etwas später umso deutlicher durch die Nase wahrzunehmen.

Die kommunalen Kompostieranlagen sind aus Sicht der Wiederverwertung eindeutig zu begrüßen. Die derzeit praktizierte Art und Weise mit den Zuliefer-, Aufbereitungs- und Wendemaschinen hat aber eine schlechte Energiebilanz: zu viel Input, zu wenig Output. Hier sollten wir noch bessere Lösungen suchen, denn weiterhin gilt der Grundsatz: keine sinnlose Arbeit, keine unnötige Material- und Energieverschwendung in der Permakultur.

Das schwarze Gold für den Garten

Kompostmieten bieten sich für Bauernhöfe und große Gärten an. Kompostbehälter passen für den mittleren und kleineren Garten. Was kann der Terrassen-, Hochbeet- oder Balkongärtner tun? Das Problem ist klar: Auch der kleinste Garten will gedüngt werden.

Wir wenden uns an den Weltmeister der „Erdenmacher", an den einzigen Alchemisten, den „Erfinder des schwarzen Goldes", an unseren Freund, den Regenwurm.

Charles Darwin konnte einst seine Zeitgenossen von der Bedeutung der Regenwürmer nicht überzeugen. Heute wenden sich immer mehr Gärtner der Wurmkompostierung zu. Die Kompostwürmer sind tatsächlich fähig, organische Abfälle in kürzester Zeit in wertvollste Erde zu verwandeln. Dafür brauchen sie sehr wenig Platz. Das Volumen der Ausgangsstoffe schrumpft durch ihre Verdauung beträchtlich. Der Wurmhumus, das schwarze Gold, enthält mehr Mikroorganismen und Nährstoffe als herkömmlicher Kompost.

Kompostwürmer haben es gerne dunkel, feucht und warm (15°C bis 30°C).

Solche Pflanzenkisten eignen sich hervorragend für den Aufbau einer Wurmfarm und sind sehr günstig

Die im „Wurmreaktor" entstehende Flüssigkeit ist für Menschen natürlich ungenießbar, aber Pflanzen lieben diesen Tee

Täglich verzehren sie fast so viel, wie sie selbst wiegen.

In unseren Mieten und im Garten schätzen wir alle Gattungen der Regenwürmer als Gäste. Wir füttern sie fleißig, denn sie leisten wertvollste Arbeit. Ihre Kunst findet vielleicht in einer üppigen, gesunden Blumenkohlrose ihren endgültigen Ausdruck.

Kleinstgärtnern möchten wir diese Art der Düngergewinnung besonders ans Herz legen. Für die Wurmkompostierung braucht man weder viel Platz noch viel Geld – nur etwas Hausverstand und Phantasie.

Die Bestellung einer Wurmfarm

Wir möchten euch hier eines unserer vielen praxistauglichen Modelle einer eigenen Wurmzucht vorstellen und wichtige Haltungshinweise geben.

- **Behältnis:** Pflanzen werden in Pflanzenkisten an Gartenbaufirmen geliefert und sind dort günstig zu bekommen. Sie eignen sich bestens zum Bau einer eigenen Wurmfarm. Der Boden der Kisten ist nämlich für Flüssigkeit und Würmer durchlässig.

- **Flüssigkeit nutzen:** Bei der Umwandlung von Küchenabfällen in Wurmhumus fällt viel Flüssigkeit an. Sie ist ein bekömmlicher, nahrhafter Pflanzentee. Wir fangen ihn in einer geschlossenen Wasserpflanzenkiste auf, die mit einem Ablasshahn versehen wird. So können wir den Tee mühelos ablassen. Anschließend verdünnen wir ihn mit Wasser und verwöhnen damit unsere Pflanzen.

- **Wurmreaktor:** Oberhalb dieser Teekiste befindet sich der Wurmreaktor: Eine normale, hohe Pflanzenkiste wird auf den Seiten mit Holzbrettchen versehen, damit unsere Freunde licht- und luftgeschützt wohnen. Der Boden wird mit Zeitung ausgelegt und mit angerottetem Mist inklusive Kompostwürmern versehen.

- **Fütterung:** Das Wurmgewicht sollte annähernd dem täglich entstehenden Küchenabfallgewicht entsprechen. Wir füttern unsere Würmer mit möglichst gut zerkleinerten Küchenabfällen und sorgen für genügend Feuchtigkeit (notfalls mit einem Handsprüher).

1. Den Würmern in Mist ein feuchtes Zuhause einrichten, 2. Die Würmer mit Küchenabfällen „füttern", 3. Die Kiste mit einem Deckel gut verschließen, 4. Nach einiger Zeit eine neue Kiste zum „Ernten" aufsetzen

Tipp: Eventuell auftauchende Ameisen zeigen mangelnde Feuchtigkeit an.

- **Verschließen:** Wir schließen die Kiste mit einem passenden Deckel.

- **„Ernte":** Erreicht der Wurmkompost den oberen Rand der Kiste, so stellen wir eine weitere präparierte Kiste darüber und füttern normal weiter. Die Kompostwürmer wandern durch die Bodenspalten nach oben in die frische Kiste.
  Sobald sie aus der unteren vollständig abgewandert sind, können wir diese mühelos entfernen. Den Kompost verteilen wir auf unsere Pflanzen. Damit ist die erste Kiste zum neuerlichen Wechsel frei.

Die Wurmfarm reicht für einen durchschnittlichen Haushalt völlig.

> **Pflegetipps**

- In der warmen Jahreszeit kann die Farm auf der Terrasse oder auf dem Balkon stehen. Im Winter muss sie jedoch in den warmen Keller, damit die Würmer gut arbeiten und nicht erfrieren! Du kannst sie auch mit einem Zierkasten getarnt im Flur aufstellen, denn sie arbeitet bei richtigem Betrieb geruchsfrei.
- Willst du dir zum Anfangen keine Kompostwürmer kaufen, so bitte einen befreundeten Gartenbesitzer, ob du deine vorbereitete Kiste in die Nähe seines gut funktionierenden Komposthaufens stellen darfst. Die Würmer werden das angebotene Futter schnell finden und die neue Wohnung rasch beziehen.

> **Wegweiser**

Wir sehen wieder, es gibt für jedes Problem eine Lösung, und mangelnde Phantasie ist die einzige unüberwindliche Hürde in der Permakultur.

„Das tägliche Brot" und noch mehr:
So reich beschenken uns die oft für „tote Materie" gehaltenen Steine in unserem Garten

Steine geben Brot

Es ist wirklich jammerschade, dass so viele von uns so wenig über sich selbst und das Leben im Allgemeinen nachdenken. Ist es nicht faszinierend zu wissen, dass unser Körper alle Stoffe dieser Erde im gleichen Maß enthält wie die Erde selbst? Und dass dieses Quirlige im Leben von Pflanze, Tier und Mensch ein Geschenk der Sonne ist, das tragende Gerüst dazu eine Gabe der Erde?

Die Voraussetzung für einen gesunden Boden

Zwischen Sonne und Erde springen ständig Funken hin und her und halten die Flamme allen Lebens am Lodern.

Sie formen sich zu einem gigantischen, bunten, berauschenden Blumenstrauß. Es ist ein einziges täglich stattfindendes Wunder, aber wir sehen es oft nicht. Wir leihen der Welt wohl fleißig unsere Hand, doch viel zu selten unser Herz.

Die Ackererde ist aus Gestein entstanden. Gute Erde enthält alle erdhaften, lebenswichtigen Mineralstoffe. Sie regeln das Tempo der Zündfunken des Lebens entscheidend mit und erhalten die Spannkraft des Gartenbodens. Bricht die Spannung im Boden zusammen, bricht sie auch in unserem Körper zusammen.

Für die Spannung ist besonders der Kiesel verantwortlich. Urgestein (Magma) enthält alle lebenswichtigen Elemente und viel Kiesel.

Steinmehl gegen Frühjahrsmüdigkeit

Jahr für Jahr bepflanzen wir die gleichen Flecken Erde mit unseren beblätterten Wunschkonzerten und sind erstaunt, wenn der Garten einmal müde wird. Was nun?

Hier kann das Steinmehl in die Bresche springen. Es gibt dem Boden die Spannkraft zurück und sorgt bei Pflanze, Tier und Mensch für Halt, Elastizität und Gesundheit. Außerdem festigt es das Gewebe. Obst und Gemüse bekommen gute Farben und ein kräftiges Aroma, reifen besser aus, werden richtig knackig und sie weisen mehr wichtige Inhaltsstoffe auf.

Die Verwendung von Steinmehl ist eine einfache, günstige und effiziente Methode, um kranke und müde Böden wieder auf die Beine zu bringen. Ohne gesunden Boden gibt es keine gesunden Menschen.

› Praxistipps: Biolit

Wir verwenden auf unserem Hof Biolit, ein sehr fein gemahlenes Steinmehl aus Diabas. Je feiner vermahlen, desto besser, denn es wirkt schneller und man braucht weniger. Es fördert die Krümelbildung, bindet Nährstoffe und ist der ideale Katalysator für die Lenkung der Lebensvorgänge zwischen Pflanzenwurzel und Boden. Vor allem kann dir beim Einsatz von Steinmehl kein Fehler passieren. Mit Mist, Gründüngung, Mulch, Kompost und Regenwurmerde bringst du frisches Fleisch in den Boden, mit den Gesteinsmehlen den dazugehörigen Knochen.

Wir streuen Gesteinsmehl im Stall, mischen es dem Regenwurmfutter und dem Kompost bei und versorgen Pflanzerden für die Aussaat reichlich damit. Mit den folgenden Mischungen waren wir sehr erfolgreich.

Steinmehl macht müde Böden munter und regt unsere Pflanzen zu besonders schönem und kräftigem Wachstum an, aber es hat auch andere Einsatzgebiete

Auspflanzen

Bei der Auspflanzung von Jungpflanzen geben wir stets reichlich Steinmehl in das Pflanzloch. Wir mischen dem Steinmehl mengenmäßig ein Viertel feinste, zerkleinerte Holzkohle bei. Damit bringen wir Sonnen- und Erdenkraft in den Boden. Die Pflanzen wachsen besser und brauchen weniger Wasser.

Pflanzen von Bäumen und Sträuchern

Die gleiche Mischung verwenden wir bei der Pflanzung von Bäumen und Sträuchern. Wir verrühren das Steinmehl-Kohlegemisch mit Wasser zu einer dicken Brühe, in die wir die Wurzeln oder Ballen der Pflanzen kräftig eintauchen. Noch eine gute Hand eines Getreides auf den Grund der Pflanzgrube und die Bäume fachgerecht einpflanzen. Das Getreide keimt in der Grube unter den Wurzeln an und setzt Enzyme frei, die das Wachstum der Wurzeln fördern. Bitte probieren – diese Methode macht Freude und kostet nicht viel.

Einsatz gegen Krankheiten

Wenn Steinmehl mit Kräuterjauchen, Regenwurmtee oder Kompostauszügen gemischt wird, verstärkt es deren positive Wirkung.

- **Pilze:** Bei Gefahr von Pilzkrankheiten vorbeugend eine Biobrühe mit 5% feinstem Steinmehl und mit einem Haftmittel, wie 2% Wasserglas, vermischen und auf die grünen Pflanzenteile, hauptsächlich auf die Blattunterseite, sprühen. Diese Verbindung schützt vor echtem Mehltau oder den „Schimmelkrankheiten" (wie *Botrytis*, *Peronospora*, Schrotschusskrankheit, Rußtau, Rostkrankheiten).

- **Baumanstrich:** Urgesteinsmehl wird mit Löschkalk, Kuhfladen und 2% Wasserglas sowie Wasser zu einer streichfähigen Masse vermischt – das ergibt einen hervorragenden Baumanstrich, der vor überwinternden Insekten schützt und Frostschäden verhindert.

- **Samenbeize:** Aus einem Teil Kaliumpermanganat, 5 Teilen Öl/Lecithinmischung und 94 Teilen Urgesteinsmehl kannst du eine Samenbeize für Gemüse- und Blumensamen mischen. Die Samen gibst du in ein kleines Säckchen oder einen kleinen Behälter mit Deckel, dann fügst du ein wenig dieser Mischung hinzu und schüttelst das Ganze kräftig. Die Samen werden danach direkt gesät.

➤ Wegweiser

Permakultur bedeutet gut beobachten, richtig erkennen, gründlich nachdenken, bedacht reagieren. Permakulturgärtner sind auf Du und Du mit ihren Böden. Der Zeitgeist treibt oft seltsame Blüten. Viele Zeitgenossen verlieren sprichwörtlich den Boden unter den Füßen und betreiben die seltsamsten Rituale, um sich zu erden. Daran ist nichts Schlechtes.

Wenn du von der Erde wirklich berührt werden willst, gibt es einen sehr einfachen Weg: Nimm sie in die Hand und berühre sie von dir aus. Spätestens wenn du wirklich begreifst, dass du Leben bist und dass das, was du in den Händen hältst, auch lebenslustiges Leben ist, wird sich in dir ein Schalter von selbst umlegen. Dein Respekt wird zunehmen; du ahnst, wie viele Geheimnisse dieses dunkle Reich unter der grünen Pflanzendecke für sich behalten will. Trotz allen Bemühens wird unser Verstehen nur Stückwerk bleiben und wir bestenfalls liebenswerte Murkser.

◆ Pflanzen und ihre Geheimnisse

In diesem Kapitel erfährst du, ...

... *warum und wie die Natur in Stock-*
werken gärtnert.

... *wie du von Beobachtungen bei Wald-*
spaziergängen für deinen eigenen
Garten profitieren kannst.

... *wie du erfolgreich „waldgärtnerst".*

... *welche Pflanzenfamilien es gibt und*
wie sie sich untereinander vertragen.

... *einige Geheimnisse unserer Heil-*
und Würzkräuter zu verstehen.

... *dass es kein Unkraut, sondern nur*
Beikraut gibt und auf welche Weise
du es am sanftesten beseitigst.

... *wie du Samen zu Jungpflanzen auf-*
ziehst und sie weiter pflegst.

Der Wald – ein Garten in Stockwerken

Der Mischwald ist der natürlichste Garten auf Erden, angelegt vom besten Gärtner – der Natur selbst. Es ist ein Garten in Stockwerken. Gönne dir einen Spaziergang in einem schönen Mischwald. Wenn keiner in deiner Nähe ist, suche dir einen natürlichen Waldrand. Dort kannst du diese Stockwerke genau beobachten – und noch vieles mehr.

Der Aufbau des Mischwaldes

Ganz oben strecken die großen, lichtgierigen Baumriesen ihre Kronen in den Himmel. Unter ihnen versuchen mittlere und kleinere, schattentolerante Bäume ihren Hunger nach Sonne zu stillen. Darunter recken sich die Sträucher den Lichtstrahlen entgegen. Rundherum lugen Kräuter und Gräser hervor. Zwischen diesen schlängeln die Bodendecker am Boden entlang. Die schattenliebenden Wurzler erobern das Reich unter der Erde. Die Kletterer und Schlinger hängen sich an ihre größeren Geschwister und erlangen dadurch ihren Lichtanteil, manchmal entziehen sie ihnen sogar etwas Lebenssaft.

Jede Grünfee findet ihren Platz und so viel Licht, wie sie braucht. Doch sie besiedeln nicht nur den Luftraum. So kräftig, wie sie ihre Arme zum Firmament strecken, so stark treiben sie ihre Wurzeln in die Tiefe der Erde, auf der Suche nach Halt und Futter. Somit ziehen die Großen mit ihrem Wurzelwerk für die Kleinen Mineralien und Wasser nach oben, während die Kleinen die Gaben vom Tisch der ständigen Umwandlung nach unten sickern lassen. Im Idealfall profitieren beide davon.

Beobachtungen in der Natur

Folgende Zeichen kannst du dir auf deinem „Streifzug" durch den Wald genauer unter die Lupe nehmen.

In unserem Garten versuchen wir einige charakteristische Züge des Waldes nachzuahmen, etwa seinen Aufbau, die Zusammenarbeit unterschiedlicher Pflanzen und die Verteilung von Licht

Pflanzen und ihre Geheimnisse

- Sieh dir die Farbe und Form der Blätter an und nimm sie zwischen deine Finger. Manche sind glatt, manche behaart. Die einen fühlen sich saftig an, die anderen wachsig.

- Manche Pflanzen sind krautig und mastig, andere wiederum sind zierlich und holzig. Sieh dir ihren Standort an. Wo steht die mastige, wo die zierliche? Du wirst entdecken, dass alle dunkellaubigen und eher großblättrigen Pflanzen gut im Schatten gedeihen. Die helllaubigen, gefiedertblättrigen grünen Freunde suchen eher das Licht. Die mastigen, krautigen Kerle lieben einen frischen, feuchten Boden. Die zarten, die bewachsten und behaarten Gesellen kommen auch mit trockenen Standorten zurecht.

Mach einen Waldspaziergang und präge dir deine Erfahrungen dabei gut ein. Genauer Beobachtung entspringen gute Ideen für den eigenen Garten

- Lerne langsam das Lesen im Buch der Natur. Beobachte, rieche, höre, fühle, schmecke – und denke nach. Und vergiss nicht: Im Wald, am Waldrand und auf den Wiesen leben nur die wilden Verwandten unserer gezähmten Acker- und Gartenbewohner.

- Befasse dich ein wenig mit Botanik, lerne, zu welchen Familien deine Nutzpflanzen gehören. Studiere, wo und mit wem sich ihre freien Verwandten gerne aufhalten. Du weißt dann vielleicht schon, welcher Standort und welcher Partner im Garten deinen Pfleglingen angenehm sein könnte.

- Kauf dir einen guten Pflanzenführer, den du bei deinen Spaziergängen mitnehmen kannst, und lerne die Wildpflanzen kennen. „Kapieren und kopieren", hat das Viktor Schauberger genannt.

Manchmal möchte ich, Sepp, ein Tier oder eine Pflanze sein. Einfach nur um zu wissen, ob sie wirklich nur starren Gesetzen gehorchen oder ob es da Unterhaltungen gibt in Lebenszwischenräumen, von denen wir nicht die blasseste Ahnung haben.

Als Ergebnis unserer eigenen kulturellen Entwicklung sitzen heute viele von uns einsam vor den Toren der Natur, beobachten sie von außen und denken über sie nach, obwohl wir doch zutiefst Teil von ihr sind. Ist das die biblische Vertreibung aus dem Paradies?

Vom Wald kannst du viel für deinen Garten lernen

- Du kannst die Stockwerke nachahmen.
- Du kannst den Boden bedeckt halten.
- Du bringst die Bodenschichten nicht durcheinander.
- Du musst dich mit Pflanzenfreundschaften auseinandersetzen.

Während sich die Pflanzen in der freien Natur ihren Standort selbst auswählen, sind sie in unseren Gärten gezwungen, dort zu leben, wo du sie hinpflanzt. Das ist eine sehr verantwortungsvolle Aufgabe. Wer eine „Zwiderwurzen" zum Nachbarn hat, weiß ja, wie gut sich's da lebt.

Die wichtigsten Pflanzenfamilien

Damit dir bei der Zusammenstellung von Pflanzengemeinschaften, Fruchtfolgen, Mischsaaten oder Zwischen- und Untersaaten nicht zu viele Fehler passieren, ist es vielleicht nützlich, die Pflanzenfamilien unserer Hauptkulturen zu kennen.

- **Gräser (*Gramineae*)**
  Weizen, Roggen, Gerste, Hafer, Hirse, Dinkel, Reis, Mais

- **Liliengewächse (*Liliaceae*)**
  Zwiebel, Knoblauch, Porree, Bärlauch, Schalotten, Schnittlauch, Spargel

- **Kreuzblütler (*Cruciferae*)**
  Gemüse: Blumenkohl, Rot-/Blaukraut, Kraut, Wirsing, Broccoli, Rosenkohl, Kohlrabi, Grünkohl, Chinakohl, Steckrüben, Kren, Radieschen, Rettich, Weiße Rüben, Gartenkresse, Brunnenkresse
  Gründüngungspflanzen: Senf, Raps, Perko, Ölrettich
  Beikräuter: Hederich, Schaumkraut, Goldlack, Ackersenf, Schleifenblume, Blaukissen, Ackerhellerkraut, Hirtentäschel
  Kreuzblütler verlangen einen gut versorgten Boden (Leguminosen als Gründüngung).

Je mehr unterschiedlichen Pflanzenfamilien wir im Garten eine Chance geben, desto besser, doch bei der Komposition gibt es einiges zu berücksichtigen

- **Schmetterlingsblütler (*Leguminosae*)**
Gemüse: Busch- und Stangenbohnen, Saubohnen, Erbsen, Sojabohnen
Gründüngungspflanzen: Düngerbsen, Platterbsen, Ackerbohnen, Lupinen, Wicken, Kleearten

- **Schirmblütler (*Umbelliferae*)**
Gemüse: Karotten, Petersilie, Pastinake, Knollen- und Blattsellerie, Fenchel, Dill, Kerbel, Liebstöckel, Bibernelle, Koriander, Kümmel
Beikräuter: Schierling und Hundspetersilie gehören zu den giftigen Schirmblütlern; Wiesenkerbel und Bärenklau sind typische „Gülleflora".

- **Korbblütler (*Compositae*)**
Gemüse: Kopf-, Pflück-, Endiviensalat, Zuckerhut, Chicoree, Schwarzwurzeln, Sonnenblume, Topinambur
Kräuter: Arnika, Ringelblume, Estragon, Wermut, Rainfarn, Kamille, Löwenzahn, Schafgarbe
Blumen: Astern, Dahlien, Chrysanthemen, Goldrute

- **Meldengewächse (*Chenopodiaceae*)**
Spinat, Mangold, Rote Rüben, Zuckerrübe, Gartenmelde

- **Nachtschattengewächse (*Solanaceae*)**
Kartoffeln, Tomaten, Chilipfeffer, Paprika, Aubergine

- **Lippenblütler (*Labiatae*)**
Minze, Melisse, Salbei, Thymian, Bohnenkraut, Majoran, Basilikum, Oregano

- **Rosengewächse (*Rosaceae*)**
Apfel, Birne, Kirsche, Pflaume, Zwetschge, Erdbeere, Pfirsich, Nektarine, Aprikose, Quitte, Himbeere, Brombeere, Mispel, Eberesche, Wildrosen, Gartenrosen

- **Gurkengewächse (*Cucurbitaceae*)**
Gurken, Kürbis, Zucchini, Melonen

- **Baldriangewächse (*Valerianaceae*)**
Feldsalat

- **Wasserblattgewächse (*Hydrophyllaceae*)**
Phacelia

> **Tipps**

- Kulturpflanzen der gleichen Familie haben in etwa die gleichen Wurzelausscheidungen, daher nie hintereinander pflanzen oder Gründungspflanzen derselben Familie nachfolgen lassen.

- Kreuzblütler sind Starkzehrer.

- Leguminosen sind Stickstoffsammler.

- Nachtschattengewächse werden von Kreuzblütlern im Wachstum positiv beeinflusst.

- Phacelia ist mit keiner unserer Kulturpflanzen verwandt und verträgt sich daher mit allen gut – übrigens heißt sie nicht umsonst Bienenfreund.

Schichten und Umschichten

Im Wald bleibt die Schichtung des Bodens ungestört und die einzelnen Völker mit ihren Spezialaufgaben werken dort unermüdlich in ihrer natürlichen Ordnung.

In der obersten Schicht entgiftet sich der Boden von selbst, in der nächsten Schicht arbeiten Bakterien und Sprosspilze am weiteren Abbau, und in der dritten Schicht bemühen sich Bakterien ständig um den Aufbau pflanzenverträglicher Nährstoffe.

Zum Gedeihen brauchen sie alle ihre eigene, ungestörte Welt. Die einen benötigen Luft, die anderen fliehen vor ihr, die einen bauen Stoffe ab, die ande-

Was das Umschichten des Bodens angeht,
ist weniger mehr und beschert überschäumende Lebendigkeit wie hier

ren bauen Stoffe auf. Die einen sind des anderen Feind.

Durch ständige Umschichtung sorgen wir im Erdreich für Kriege, die ohne unser dummes Einwirken nie stattfinden würden. Die Ordnung ist gestört, die Pflanzen gedeihen in solchen Böden nur zögernd und sind krankheitsanfällig. Mit verstärktem Beikrautwuchs versucht der Boden, unseren Pfusch wieder ins Lot zu bringen. Die Natur ist stets bemüht, unsere Fehler auszuwetzen.

Abbauvorgänge müssen immer in der obersten Schicht vor sich gehen.

Eine schützende Decke hält im Wald das Licht von der lebendigen Erde mit ihren lichtscheuen Bewohnern fern. Sie sorgt für idealen Luftaustausch und hindert das Wasser am vorschnellen Verdunsten. Außerdem sorgt sie für ein optimales Arbeitsklima in den Werkstätten des Bodenlebens.

Am Wald und an unseren Vorfahren ein Beispiel nehmen

Versuche die Arbeitsweise des Waldes in deinem Garten nachzuahmen. Dein Garten wird es dir mit überschäumender Lebendigkeit danken.

Unsere Großmütter und Großväter waren grundsätzlich scharfe Beobachter, wahre Lebenskünstler und haben ohne große technische Hilfsmittel alles Wesentliche des Lebens erkannt und bewältigt:

- das Arbeiten mit den Elementen Erde, Feuer, Wasser, Luft;

- das Erkennen und den Umgang mit den kosmischen Einflüssen;

Sowohl Licht als auch Schatten sind wichtig,
wenn auch von Pflanze zu Pflanze in völlig unterschiedlichem Ausmaß

· den Grundrespekt vor dem Lebendigen, der seinen tiefsten Ausdruck in der Verehrung und Bewunderung des Göttlichen findet.

Die vier Elemente sind jedes für sich schon sehr vielschichtige, fein abgestimmte Lebensformen. Keines ist ohne das Mitwirken des anderen existent. Ist das nicht faszinierend?

Beim Waldgärtnern schenken wir dem Licht besondere Aufmerksamkeit

Die Tradition des Waldgärtnerns kommt aus den Tropen und ist bei uns durch Bilder grünster Üppigkeit bekannt. Regenwaldszenarien, wo sich die Menschen am Urwaldboden ihren Weg mit Macheten durch ein undurchdringliches Dickicht schlagen, kennen wir ausreichend aus Dokumentationsfilmen. Diese Üppigkeit ist zu einem großen Teil ein Kind des Lichts. Im äquatorialen Bereich dominiert das Infrarotlicht, das bis auf den Grund des Urwaldbodens dringt und dort das Wachstum entscheidend mit beeinflusst. Da kann wirklich dicht gepflanzt werden.

In den gemäßigten und kalten Zonen dominiert das ultraviolette Licht. Es ist nicht so lebensfreundlich, wie uns die Flora unserer hochalpinen Zonen recht deutlich zeigt. Gärtnern in Stockwerken verlangt in Europa also etwas Einfühlsamkeit.

Wir müssen durch ausreichende Pflanzabstände für genug Sonne am Boden sorgen. Obstbäume und Gemüse, Kräuter und Blumen können auch bei uns aneinandergeschmiegt leben, aber nicht zu eng.

Pflanzen und ihre Geheimnisse

Waldgärtnern klingt nur etwas kompliziert, ist es aber nicht.

Du hast einen mittelgroßen Obstbaum, der einsam und allein im Rasen steht? Du stehst den neuen Methoden etwas skeptisch gegenüber? Gönne dir ein kleines Experiment, das dir ein paar neue Erkenntnisse und dem Baum ein paar neue Freunde bringt.

1. Entferne vorsichtig die Grasnarbe unter der Krone deines Obstbaumes, und zwar etwas über die Kronentraufe hinaus.

2. Lockere den Boden gefühlvoll mit der Grabegabel, bringe eine dünne Schicht reifen Kompost auf und bedecke die neue Pflanzscheibe mit einer kräftigen Schicht aus gut getrocknetem Mulchmaterial (Heu oder angerottetes Stroh).

3. Wir nennen dir jetzt eine Anzahl von Pflanzen, die gute Freunde von Obstbäumen sein können: Brennnessel, Beinwell, Lupinen, Bohnen, Bohnenkraut, Kapuzinerkresse, Bärlauch, Knoblauch, Narzissen, Kamillen, Basilikum, Ringelblumen, Johannisbeeren, Grünkohl, Salate. Es gibt natürlich noch viele andere.

4. Rufe dir die Bilder und Erfahrungen deines Waldspazierganges in Erinnerung und setze sie mit den genannten Pflanzen um deinen Obstbaum herum um (beachte Pflanzengröße, Blattfärbung, Pflanzenfamilie, fühle die Festigkeit etc.).

Wenn du die bisher empfohlenen Übungen gemacht hast, dann weißt du, wo sie hingehören. Wir gratulieren dir zu deinem ersten gelungenen Miniwaldgarten!

> **Wegweiser**

Permakulturgärtner lernen direkt von der Natur und reagieren entsprechend darauf. Sie nehmen stets natürliche Lebensmuster zum Vorbild.

Bäume und niedriger wachsende Pflanzen können einander gute Freunde sein

Du kannst den Ertrag deiner Nutzpflanzen ganz wesentlich steigern,
wenn du in deinem Gartenbeet für „gute nachbarschaftliche Beziehungen" sorgst

Pflanzenfreundschaften

*In der freien Natur finden wir keine Mono-
kulturen. Es muss wohl etwas zu bedeuten
haben, dass verschiedene Pflanzengemeinschaften ihren Lebensraum teilen und
zusammen wachsen und gedeihen. Flach-
und Tiefwurzler sowie Stark-, Mittel- und
Schwachzehrer teilen sich Wasser, Sonne
und Nährstoffe. Diese Beobachtung hat zur
Mischkultur in unseren Gärten geführt.*

Verbindendes und Trennendes

Manche Pflanzen mögen sich, fördern
einander im Wachstum und schützen
sich gegenseitig vor unwillkommenen
Gästen. Andere vertragen sich nicht. Sie
stören und behindern einander in ihrer
Entfaltung.

Ob sie sich fördern, behindern oder
neutral verhalten, hängt von verschiedenen Faktoren ab.

- Sind Licht und Schatten günstig
  verstreut?
- Verteilen sie durch ihre verschiedenen Blattformen und richtige
  Abstände den Regen optimal auf
  der Beetfläche?
- Die einen strömen einen Duft aus,
  der eine schützende Hülle bildet; sie
  können sich sprichwörtlich gut riechen.
- Die Wurzeln anderer raufen sich
  vielleicht um die gleichen Nährstoffe
  und das Wasser, oder sie hinterlassen
  gegenseitig unangenehme Wurzelausscheidungen.
- Auch gibt es unter den Pflanzen Pio-
  niere, die die trostlosesten Gegenden

vorbereiten und eine geeignete Bühne für den Auftritt manch zarter grüner Grazie bereiten.

Wir amüsieren uns oft über die unleugbaren Parallelen zwischen Mensch und Pflanze. Nur mit dem Unterschied, dass unsere beblätterten Geschwister ihren vom Leben zugedachten Platz eindeutig finden und ihre Aufgabe widerspruchslos annehmen.

Denn wen können wir riechen und wen nicht? Wer von uns ist gerne nur Pionier, um nach getaner Arbeit das Feld zu räumen und sich daran zu freuen, dass die Grazien nachfolgen? Wer von uns steht nicht gerne im Licht, auch wenn der eigentliche Lebens-

bereich der Halbschatten ist? Wer von uns hat nur gute Wurzelausscheidungen, die unsere Mitwelt im Gedeihen fördern?

› Wegweiser

Wir Zweibeiner haben den Vorteil, dass wir unangenehme Standplätze und Nachbarn geografisch verlassen können. Was nicht automatisch heißt, dass wir damit immer einen richtigen Schritt setzen. Permakultur bedeutet auch, für sich selbst den richtigen Platz zu erkennen und die dazugehörigen Aufgaben gut und gerne wahrzunehmen sowie aus der jeweiligen Situation das Beste zu machen.

Gute und schlechte Nachbarn

Der Bereich der Pflanzenfreundschaften ist wissenschaftlich wenig erforscht. Die Erkenntnisse in diesem Bereich kommen vor allem aus Versuchen in der Praxis. Du hast Lust, mehr über Pflanzenfreundschaften zu erfahren? Hier findest du eine Hilfstabelle für gute und schlechte Nachbarn:

	Dill	Endivien	Erbsen	Erdbeeren	Fenchel	Gurken	Kamille	Kapuzinerkresse	Karotten	Kartoffeln	Knoblauch	Kohlgewächse	Kohlrabi	Kopfsalat	Lauch	Mais	Mangold	Meerrettich	Obstbäume	Petersilie	Pfefferminze	Pflücksalat	Rettich	Rote Rüben	Rhabarber	Rüben	Salbei	Schwarzwurzeln	Sellerie	Spargel	Spinat	Stangenbohnen	Tomaten	Zucchini	Zwiebeln
Buschbohnen			■		■	☼				■		☼	☼	☼	■		☼					☼	☼	☼	☼	☼			☼				☼		
Dill			☼			☼			☼					☼									☼	☼		☼				☼					☼
Endivien					☼							☼			☼																	☼			
Erbsen	☼				☼	☼			■		■	☼	☼	☼	■								☼			☼						■	■		
Erdbeeren												☼	☼	☼	☼								☼												☼
Fenchel		☼	☼			☼								☼									☼					☼				■	■		
Gurken	☼				☼							☼	☼	☼										■	☼				☼			☼	■		☼
Kamille																																			☼
Kapuzinerkresse																			☼				☼										☼		
Karotten	☼		☼									☼		☼			☼						☼										☼		☼
Kartoffeln			■								■	☼						☼				☼		■		■			■		☼		■		
Knoblauch			■	☼		☼			☼			■						☼						☼								■	☼		
Kohlgewächse		☼	☼	☼		☼				■	■	■		☼	☼		☼					☼	☼		☼			☼	☼	☼	☼	☼			■
Kohlrabi		☼										☼		☼	☼								☼	☼				☼	☼		☼	☼	☼		
Kopfsalat	☼		☼	☼	☼							☼	☼		☼	☼				■		☼	☼			☼		☼	■	☼	☼	☼	☼		☼
Lauch		☼	■	☼		☼						☼	☼	☼										■					☼	☼		■			☼
Mais														☼										■					■				☼		
Mangold									☼					☼									☼			☼									
Meerrettich										☼		☼						☼																	
Obstbäume						☼						☼					☼																		
Petersilie														■									☼										☼		
Pfefferminze									☼					☼																			☼		
Pflucksalat	☼				☼									☼								☼	☼	☼	☼	☼		☼		☼			☼		
Rettich			☼	☼		■			☼	☼		☼	☼			☼			☼	☼		☼										☼	☼	☼	
Rote Rüben	☼					☼				■	☼		☼				■	■				☼													☼
Rhabarber												☼		☼								☼											☼		
Rüben	☼		☼											☼			☼					☼										☼	☼	☼	
Salbei						☼																													
Schwarzwurzeln												☼	☼	☼								☼													
Sellerie					☼					■		☼	☼	■	☼	■													■				☼	☼	
Spargel	☼												☼	☼								☼													
Spinat									☼			☼	☼									☼			☼	☼						☼	☼		
Stangenbohnen		☼	■		■	☼		☼		■		☼	☼	☼	■								☼			☼			☼		☼			☼	■
Tomaten			■		■	■			☼	■		☼	☼	☼	☼	☼				☼	☼	☼	☼			☼		☼		☼					
Zucchini																																	☼		☼
Zwiebeln	☼			☼		☼	☼		☼			■		☼										☼									■	☼	

☼ = günstig für Mischkulturen

■ = ungünstig für Mischkulturen

Rest neutral, wobei Feuchtigkeits- und Lichtbedürfnisse zu berücksichtigen sind

Nährstoffbedürfnisse im Überblick

Weiters willst du die Nährstoffbedürfnisse der einzelnen Gemüsepflanzen kennen lernen?

- **Starkzehrer** sind: alle Kohlarten, Lauch, Sellerie, Gurken, Kürbis, Rhabarber, Tomaten und Kartoffeln. Sie lieben einen nährstoffreichen Boden.

- **Mittelzehrer** sind: Schwarzwurzeln, Spinat, Fenchel und Rote Rüben, die eher zu den Starkzehrern hinneigen, also mehr Nährstoffe brauchen im Vergleich zu Möhren, Rettichen, Radieschen, Salaten, Knoblauch und Zwiebeln, die eher zu den Schwachzehrern tendieren.

- **Schwachzehrer** sind: Bohnen, Erbsen, Gewürz- und Heilkräuter. Sie gedeihen auch auf einem ungedüngten Beet, das im Vorjahr mit Starkzehrern bepflanzt war. Eine Ausnahme bilden die Stangenbohnen, die man schon fast zu den Mittelzehrern rechnen kann.

Heil- und Würzkräuter

Abseits der typischen Mischkultur solltest du dich noch in das Reich der Heil- und Würzkräuter vorwagen. Sie sind wahre Zauberer und als Gartennachbar von manchen Gemüsesorten, Sträuchern und Bäumen heiß ersehnt. Sie wirken schädlingsabwehrend, aromaverbessernd und wachstumsfördernd, wenn sie richtig eingesetzt werden.

Die folgende Liste verrät dir das eine oder andere Geheimnis.

- **Dill** fördert das Wachstum bei Petersilie, Schnittlauch, Karotten, Kohlpflanzen und Zwiebeln.

- **Basilikum** zu Gurken fördert die Fruchtbarkeit und verhindert frühen Mehltaubefall. Auch Tomaten reagieren positiv.

- **Petersilie** verbessert das Aroma bei Tomaten und steht gut neben Zwiebeln und Rettich, verträgt sich aber nicht mit Salat.

- **Bohnen- oder Pfefferkraut** halten durch ihren Duft Läuse von den Bohnen fern.

- **Borretsch,** auch Gurkenkraut genannt, steht gut neben Krautpflanzen und Zucchini. Er muss rechtzeitig geschnitten werden, samt er aus, ist er nämlich aus dem Garten kaum mehr zu entfernen.

- **Kapuzinerkresse** ist ein natürlicher Antibiotikaträger und sollte auf Baumscheiben angepflanzt werden. Sie zieht Läuse an und vertreibt Ameisen. Dadurch werden die Bäume vor Ameisen geschützt.

- **Kerbel** eignet sich in Mischkulturen in Kombination mit Salaten und schützt diese vor Läusen und Schnecken.

- **Kresse** ergänzt sich mit Radieschen.

- **Kümmel** als Randpflanze wirkt geschmacksverbessernd auf Kartoffeln, Kohl, Gurken und Rote Rüben.

- **Liebstöckel** soll mit Estragon gepflanzt werden, da sie sich gegenseitig im Wachstum ergänzen.

- **Lavendel** hält durch seinen Duft bei Rosen die Läuse ab.

- **Pfefferminze** liebt die Nachbarschaft von Kartoffeln, Tomaten, Salat und Karotten.

- **Zitronenmelisse** und Goldmelisse sind miteinander unverträglich.

- **Rosmarin** braucht einen sonnigen Standort und will als Partner Salbei.

- **Salbei** verträgt sich gut mit Fenchel, Kohl, Karotten, Erbsen und Bohnen.

- **Thymian** hält als Duftpflanze Kohl-weißlinge und Läuse ab.

- **Wermut** ist mit allen unseren Kulturpflanzen unverträglich, steht aber zwischen Johannisbeeren gut, weil er den Säulenrost abwehrt.

- **Kamille** ist ein guter Nachbar für Kohlpflanzen, wirkt auch fördernd bei Kartoffeln, Sellerie und Lauch. Kamillentee dient im Garten zur Kräftigung der Kulturen und als Samenbeize bei Erbsen, Busch- und Stangenbohnen, Puffbohnen, Kohlarten und Radieschen.

- **Tagetes** und **Ringelblumen** wirken nematodenhemmend.

Baue diese Kräuter beherzt in deine Mischkulturen und Pflanzengemeinschaften ein und überzeuge dich von ihren wunderbaren Kräften.

Den Lebensgemeinschaften eine Form geben

Wenn wir unseren Garten planen und auch die passenden Plätze und Pflanzenkombinationen gefunden haben, so können wir über die Art und Weise der Formgebung nachdenken.

Dabei spielt es für deine grünen Freunde keine Rolle, ob du sie in kleinen zusammengehörenden, losen Gruppen pflanzt oder ob du sie in Reih und Glied nach den Gesetzen der guten Nachbarschaft aneinanderreihst. (Wer für den Verkauf anbaut, wird schon aus Arbeitsgründen bei den traditionellen Mustern landen.)

Wenn dir Reihen und gewisse Beetformen Freude machen und das Arbeiten erleichtern, entscheide dich einfach dafür. Wenn du dich mit freien Formen wohl fühlst, wähle diese. Wichtig ist nur, dass du die Natur- und Permakulturregeln nicht vergisst. Wir kennen wunderbare „ordentliche" Gärtner,

die traditionelle Gartenbilder schaffen und trotzdem die Ordnungen der Natur und die Regeln der Permakultur gleichermaßen einhalten. Ebenso kennen wir Permakulturgärten, deren chaotische Krauthaufen weder Natur- noch Permakulturregeln erkennen lassen.

Die meist sehr pflegeleichten Kräuter sind eine Bereicherung für unsere Ernährung

Die Kamille ist wertvoller Bestandteil unserer Hausapotheke

▶ Wegweiser

Dein Garten will nicht nur deinen Kopf und deine Hand, er will vor allem dein ganzes Herz.

Rufe dir die Grundsätze der Permakulturplanung in Erinnerung.

- Energieeffizient, naturrichtig, praktisch, ertragreich, nützlich, ästhetisch. Du weißt, was deinem Boden guttut.
- Ausreichend versorgt, gut bedeckt. Du ahnst, wo und mit wem sich deine Pflanzen wohl fühlen.
- Richtig platziert, nachbarlich gefördert.

Wähle für dich jene Form, die dein Auge am meisten erfreut, denn Freude an der eigenen Arbeit ist eine der stärksten Kraftquellen, nicht nur in der Permakultur. Verleihe deinem Garten ein unverwechselbares Gesicht.

Bewährtes aus unserer Erfahrung

- Permakulturgärtner geben ihren Gärten eine Grundstruktur mit möglichst vielen ausdauernden Pflanzen (Obstbäume, Beerensträucher, Würz- und Heilkräuter, Wildobst und Wildgemüse, mehrjährige Blumen, Wildnis- und Rückzugszonen mit Futterpflanzen für unsere kleinen Gäste aus dem Tierreich).

- Auf unserem Hof beschneiden wir Obstbäume und Beerensträucher, weil wir damit bessere Erträge erzielen. Die anderen Strukturpflanzen sorgen großteils für sich selbst. Sie vermehren und verbreiten sich auch selbst.

- Die Kulturgemüsesorten säen wir alljährlich vor Ort oder ziehen selbst Jungpflanzen heran, die wir in vorbereitete Mulchmulden pflanzen. Die Selbstaussaat von Gemüse, die wir in unserer Küche gerne verwenden, funktioniert in unseren Breitengraden nur bei sehr wenigen Arten und ist äußerst risikobehaftet.

- Unser Garten ist die Basis unserer Selbstversorgung, und als Frucht unserer Arbeit freuen wir uns über gute Erträge. Um solche zu erzielen, tun wir alles, was sinnvoll ist.

Wo die Kamille einmal gepflanzt wird, kommt sie verlässlich immer wieder

Kraut und Beikraut

Permakulturgärten sind strategisch und ökologisch bewirtschaftete Gärten. Obwohl mit Überlegung und nach Plan bepflanzt, tauchen auch hier alljährlich Pflanzen ohne unser Zutun auf. Sie gesellen sich zu unseren Kulturpflanzen und teilen mit ihnen Licht, Nährstoffe und Wasser. Wie gehen Permakulturfreunde damit um?

Die Herausforderung

Solange die unerwarteten Gäste nicht zu aufdringlich werden, kann jeder Gärtner gut damit leben. Doch ab einer gewissen Anzahl und je nach Art des Beikrautes stellt sich allmählich ein ungutes Gefühl ein. Viele von ihnen vermehren sich durch Samen, sind einjährig und Lichtkeimer.

Hier ist der Mulchgärtner schon im Vorteil, da die meisten Samen nie das Tageslicht erblicken (Knopfkraut, Taubnessel, Klette, Vogelmiere, Melde etc.). Andere sind ausdauernd, vermehren sich über die Wurzeln und können wirklich hartnäckig um ihren Platz streiten. Die Wurzeln lassen sich schwer restlos entfernen (Quecke, Giersch, Ackerwinde, Ackerschachtelhalm etc.).

Doch auch hier hat der Mulchgärtner einen Vorteil. Im Frühjahr ist der Boden richtig mürbe, und mit etwas Gefühl lassen sich ganze Wurzelnetze vorsichtig vom Boden ablösen.

Also bloß keine Panik, mit etwas Geduld und Fleiß lassen sich auch hier Lösungen finden. Manchmal ist das Auftreten gewisser Beikräuter ein Grund zur Freude, weil sie uns zeigen, dass sich der Boden in eine gewünschte Richtung entwickelt – oder sie zeigen uns, was dem Boden fehlt.

Nicht jedes Kräutchen muss uns gleich in Panik versetzen

Der erste Schritt: Aufmerksames Beobachten

Wenn du für die Kulturpflege ein gesundes und gutes Auge entwickeln willst, gehe in regelmäßigen Abständen frühmorgens durch deinen Garten. Beobachte, wer sich alles zusätzlich zum Gabentisch deines Gartenbodens gesellt. Schau, ob deine gezähmten Gartenbewohner unter Nährstoff-, Pflege- oder Wassermangel leiden.

Speziell die Beikräuter geben dir wertvolle Hinweise zur Bodenbearbeitung, zur Düngung und Bodenpflege, zur Fruchtfolge oder zur richtigen Auswahl von Pflanzengemeinschaften. Lerne sie kennen und ziehe die richtigen Schlüsse.

Als Hilfe eine Liste mit Zeigerpflanzen

- **Stickstoffreicher Boden:** Ackersenf, Ampferknöterich, Bärenklau, Bingelkraut (einjährig), Erdrauch, Franzosenkraut, Gänsefuß, Gemeines Kreuzkraut, Giersch, Große und Kleine Brennnessel, Hirtentäschelkraut, Holunder, Kohldistel, Kreuzkraut, Löwenzahn, Melde, Quecke, Schwarzer Nachtschatten, Taubnessel, Vogelmiere, Wolfsmilch.

Kamille, Erbsen, Kohl in trauter Gemeinsamkeit

Holunder braucht einen stickstoffreichen Boden

- **Stickstoffarmer Boden:** Behaarter Klappertopf, Besenginster, Hornkraut, Hungerblümchen, Ziest.

- **Magnesiumreicher Boden:** Gamander, Roter Fingerhut, Stinkende Nieswurz.

- **Kaliumreicher Boden:** Bärenklau, Melde, Fuchsschwanz, Roter Fingerhut.

- **Kalkreicher Boden:** Ackergauchheil, Ackerglockenblume, Ackerhornkraut, Ackersenf, Ackerwinde, Adonisröschen, Brennnessel, Ehrenpreis, Feld-Rittersporn, Gamander, Gänsedistel, Hasenklee, Huflattich, Klatschmohn, Klee, Kleine Wolfsmilch, Leberblümchen, Leinkraut, Löwenzahn, Ringelblume, Rittersporn, Sichelmöhre, Storchenschnabel, Tauben-Skabiose, Taubnessel, Teufelskralle, Wegwarte, Wiesenkopf, Wiesensalbei, Wolfsmilch.

- **Kalkarmer Boden:** Adlerfarn, Bauernsenf, Ehrenpreis, Fadenhirse, Gelbe Wucherblume, Hundskamille, Kleiner Sauerampfer, Sauerklee, Schachtelhalm, Stiefmütterchen.

- **Humusreicher Boden:** Brennnessel, Löwenzahn, Vogelmiere.

- **Alkalischer Boden:** Ackergauchheil, Ackerhohlzahn, Ackersenf, Acker-

Stiefmütterchen, Bingelkraut, Wiesenstorchenschnabel, Wiesensalbei.

- **Saurer Boden:** Ackerspörgel, Ackerziest, Adlerfarn, Ehrenpreis, Gänseblümchen, Hasenklee, Hederich, Hohlzahn, Hundskamille, Sauerklee, Kleiner Wiesensauerampfer, Stechpalme, Violettes Stiefmütterchen, Wolliges Honiggras.

- **Nährstoffarmer Boden:** Adlerfarn, Gänseblümchen, Heidekraut, Hirtentäschel, Hungerblümchen, Kleiner Wiesensauerampfer, Margerite, Saatwucherblume, Sauerklee, Stiefmütterchen, Weißklee.

- **Nährstoffreicher Boden (Humus):** Ackerhellerkraut, Bingelkraut, Brennnessel, Distel, Erdrauch, Franzosenkraut, Gänsefuß, Hederich, Hirtentäschel, Huflattich, Melde, Schwarzer Nachtschatten, Stumpfblättriger Ampfer, Vogelmiere.

- **Nasser, verdichteter Boden, Staunässe:** Ackerminze, Ackerschachtelhalm, Beinwell, Breitwegerich, Gänsefingerkraut, Huflattich, Kriechender Hahnenfuß, Löwenzahn, Scharbockskraut.

- **Trockener Boden:** Ackerhohlzahn, Bluthirse, Färberkamille, Weiße Lichtnelke, Reiherschnabel, Sommer-Adonisröschen, Sonnenröschen, Storchenschnabel.

Die meisten Pflanzen im Garten lassen sich nutzen, es gibt also kein „Unkraut"

Mischkulturen haben viele Gesichter

- **Boden mit Bodengare:** Mutterkraut, Knöterich, Quecke.

- **Boden mit Staunässe:** Ackerminze, Ampferknöterich, Gänsefingerkraut, Huflattich, Kriechender Hahnenfuß, Schachtelhalm, Wiesenknöterich, Großer Wiesenknopf.

- **Verdichteter, schwerer Boden (Lehm, Ton):** Ackerminze, Breitwegerich, Gänsefingerkraut, Gänsedistel, Huflattich, Strahllose Kamille, Knöterich, Königskerze, Kriechender Hahnenfuß, Löwenzahn, Vogelknöterich.

Effektives Beikrautmanagement am Innergreinhof

An unserem Hof haben wir unsere eigene Methode der Beikrautregulierung entwickelt. Wir können bei Neuanlagen nach unserer Mulch-total-Methode beobachten, dass manche Pflanzen uns noch einige Jahre begleiten. Beharrlich schieben sie ihre Köpfe durch die Mulchdecke. Wir nehmen sie in unsere Hand und ziehen kurz und kräftig. Bleibt die Wurzel zurück, so hat die Pflanze ihre eigentliche Aufgabe noch nicht restlos erledigt – der Boden gibt sie noch nicht frei. Vorerst belassen wir es dabei. Eines Tages genügt ein leichter Ruck und wir halten die gesamte Pflanze in unserer Hand.

Wir wissen, dass sie ihre Bestimmung erfüllt hat.

Das Jäten in üblicher Form ist in unserem Garten aufgrund der Größe unmöglich und wäre eine Dauerbeschäftigung – abgesehen davon ist es einfach nutzlos. Wir betreiben salopp gesagt „Beikrautmanagement". Solange das Beikraut jung ist, lässt es sich auch sehr leicht auszupfen oder -ziehen. Wir schütteln die Erde von den jungen Wurzeln und legen die Kräuter oben auf die Mulchdecke. Ein sonniger Tag erledigt das Übrige.

Einmal innerhalb von drei bis vier Wochen, je nach Witterung, fällt diese Arbeit an. Wir benötigen dazu für unseren gesamten Garten einen Tag zu zweit. Wenn wir das ideale Wachstumsstadium der Beikräuter nicht versäumen, ist das durchaus eine meditative, angenehme Arbeit. Warten wir doch einmal zu lange, endet das Jäten in einer sinnlosen Plackerei. Trotzdem muss es erledigt werden.

Übrigens sind viele unserer Beikräuter herrliches Wildgemüse. Also auf den Tisch damit!

> **Wegweiser**

Permakulturelles Arbeiten bedeutet auch: Jede Arbeit zum richtigen Zeitpunkt.

Samen und Jungpflanzen

Leicht fortgeschrittenen Permakulturgärtnern macht es Spaß, Gemüse-, Kräuter- und Blumenpflanzen selbst anzuziehen. Alte, seltene und gefährdete Sorten können dadurch erhalten werden und gehen nicht verloren. Dies ist eine Pflichtübung für schöpfungsbewusste Gärtner. Außerdem hat man die Pflanzen zur Hand, wenn man sie gerade braucht, und spart Geld.

Die Aussaat: Geeignete Orte, Gefäße und Erde

Das Pflanzenleben beginnt mit der Aussaat. Wir säen in ein Frühbeet oder im Kleingewächshaus. Dazu verwenden wir gebrauchte Töpfe, Saatschalen oder Kistchen.

Ein großes Fenster mit einem Regal in der Stube kann zu einem improvisierten, günstigen Gewächshaus werden. Jeder soll mit den Saatgefäßen arbeiten, die ihm gerade zur Verfügung stehen. Wichtig ist nur, dass sie gut gereinigt sind, damit Keimlingskrankheiten keine Brutbedingungen vorfinden.

Am Innergreinhof verwenden wir spezielle Anzuchtschalen mit Gitterboden und für größere Sämereien kleine Töpfe. Gut eignen sich auch die niedrigen Pflanzkisten der Gartencenter, deren Boden und Seiten mit Zeitung ausgelegt werden. Sie sind lange Jahre verwendbar und leicht zu reinigen. So präpariert ergeben sie wunderbare, große Saatgefäße.

Die Aussaaterde mischen wir selbst. Wir verwenden dazu Sand, gut gereiften Kompost und Gartenerde zu gleichen Teilen und geben noch etwas Steinmehl dazu.

Fein gesiebt und gründlich vermengt sorgt dieser Mix schon seit Jahren für gute Erfolge.

Behältnisse wie diese leisten über viele Jahre wertvolle Dienste

In Reih und Glied: Diese Jungpflanzen bereiten sich auf ihr Leben im Garten vor

› Praxistipp: Dämpfen von Saaterde

Selbst gemischte Saaterden beinhalten auch gerne Beikrautsamen. Gerade bei dieser Arbeit freuen sich Gärtner nicht besonders darüber.

Auf unserem Hof kochen und heizen wir in der Küche mit einem Holzherd. Die Wintertage eignen sich vorzüglich, um sich gedanklich auf das kommende

Das Dämpfen von Saaterde ist eine günstige Methode, um Beikrautsamen loszuwerden

Auch Zucchini können vorgezogen werden, am besten ab April

Traum. Diese Methode ist einfach, billig, sehr wirkungsvoll und für unsere Saatmengen vollkommen ausreichend.

› Weitere Tipps

- Natürlich achten wir darauf, ob unsere Saaten Lichtkeimer oder Dunkelkeimer sind. Jede Schale wird ordentlich beschriftet.

- Unsere Saaten laufen immer gut auf und die Sämlinge werden pikiert, sobald sie mit den Fingern gut zu fassen sind. Wir pikieren in kleine Töpfe oder in Multitopf-Anzuchtplatten. Großgärtnereien und Gartencenter geben gebrauchte häufig umsonst ab. Wir verwenden sie oft jahrelang. Je nach Pflanzenart und Anspruch werden sie bis zur Auspflanzung im Freiland noch öfters umgetopft.

- Bei uns im Gebirge ist ja alles nicht so einfach, denn wir haben das halbe Jahr „Winter". Vor den „Eismännern" pflanzen wir empfindliche Gemüsesorten und Kräuter gar nicht erst aus. Erfahrungsgemäß kommen die frostigen Gesellen mit ihren eisigen Temperaturen bestimmt.

- Bei den Saat-, Pflanz-, Pflege- und Erntearbeiten halten wir uns an die Aussaattage von Maria Thun, so gut es geht. Wir haben positive Erfahrungen damit gemacht.

› Wegweiser

Einfache, gut funktionierende, der Aufgabe und Größe angepasste Technologien sind ein Markenzeichen der Permakultur. Permakulturleute verschwenden weder Zeit noch Material für unnötige Showeffekte.

Probieren, auswerten, Fehler beseitigen und nicht wiederholen – das garantiert den permakulturellen Erfolg.

Gartenjahr einzustimmen und einige Dinge vorzubereiten. Wir dämpfen während dieser Tage unsere Saaterde und machen sie so beikrautfrei. Ein alter Dampfentsafter dient uns als Erdendämpfer. In den unteren Teil geben wir Wasser, in den Filtereinsatz unser Erdgemisch, und schon kann es losgehen. Wir erhitzen die Erde auf ca. 75–80 °C. Das reicht für unsere Zwecke. Gute Erde riecht beim Dämpfen wie ein Topf kochender Kartoffeln. Mit dieser Erde zu arbeiten ist ein

Aus ein paar Brettern, einigen Folienresten und ein paar gebrauchten Blumentöpfen kann eine fruchtbare, nahrhafte Oase auf kleinstem Raum entstehen

◆ Gartenbeete in aller Vielfalt

In diesem Kapitel erfährst du, ...

... welche Vor- und Nachteile Flach-, Hügel-, Hoch- und Kraterbeete jeweils aufweisen – und natürlich zahlreiche Tipps für das Anlegen solcher Beete.

... was Mandala- und Schlüssellochgärten sind und welcher Weg dich zu ihnen führt.

... wie du Hang- und Terrassengärten baust, die ästhetisch aussehen, hohe Erträge liefern und lange halten.

... dass Platzmangel und widrige Bedingungen in der Stadt kein Grund sind, gleich aufzugeben, und wie du kleine, aber feine Stadtgärten anlegst.

... mit welchen einfachen Mitteln du in einer Wohnwüste eine grüne Oase schaffen kannst.

... was beim Topfgärtnern zu beachten ist.

... wie du verbaute, permakulturell ungenutzte Flächen für deine gärtnerischen Ambitionen zurückerobern kannst.

Flach-, Hügel-, Hoch- und Kraterbeete

Alle Hochkulturen der Welt haben ihren Ursprung in einer gut funktionierenden Agrikultur. Die menschliche Kultur steht und fällt mit dem Zustand der Natur, unserer Äcker und Gärten! Unser Gesundheitszustand und unser seelisches Befinden sind nicht mehr als ihr Spiegelbild.

Sieg mit der Natur

Bauer- und Gärtnersein im Einklang mit der Natur – wer das sein darf und wer unabhängig von gesellschaftlichen Entwicklungen seine Arbeit mit Freude tun kann, den hat das Leben in einer besonderen Weise geadelt. Sicher nicht im Sinne unnützer Macht- und Materialgeplänkel. Ganz sicher jedoch im Berührtwerden vom Geheimnis des Lebens und dem Geschenk des einen oder anderen kleinen Einblicks.

Wir am Innergreinhof glauben nicht an den viel gepriesenen Sieg der Menschheit über die Natur, weil es grundsätzlich dumm ist, gegen sie einen Krieg führen zu wollen. Permakulturgärtner leben in Kooperation und nicht in Konfrontation mit der Natur.

Überall auf der Welt sitzen Gärtner, denken nach und finden Lösungen. Nicht, weil sie so furchtbar klug sind. Nein, tausende Füchse auf unserem Globus beginnen tausenden kleinen Prinzen zu vertrauen! Eines der Ergebnisse ist der Formenreichtum von Gartenbeeten.

Flachbeet

Das Flachbeet ist die weltweit am meisten verbreitete Form. Es findet seinen schönsten Ausdruck im naturrichtig gepflegten Bauerngarten oder im gut bestellten Acker. Sein Niedergang wird in den Getreidesteppen des amerikanischen Weizengürtels zelebriert.

Ob Flachbeete nun in geometrischen Mustern geformt oder bunt bepflanzt ohne erkennbare Gestaltungsstruktur vor unseren Augen erscheinen, ist nur eine Entscheidung des Gärtners. Wichtig ist, dass alle natürlichen und energetischen Regeln des Permakulturgärtnerns beachtet werden. Sie eignen sich vor allem für große Gärten oder Landwirtschaften, die mit Maschinenunterstützung arbeiten.

Hügelbeet

Das Hügelbeet wird in den Gärten und auf den Höfen Chinas schon seit Jahrtausenden erfolgreich verwendet. Es eignet sich vor allem für kleine Gärten und hat einige Vorteile gegenüber den Flachbeeten. Durch die Hügelform vergrößert sich die Anbaufläche, es entstehen verschiedene Kleinstklimabereiche, und der günstigere Lichteinfall erlaubt eine dichtere Bepflanzung mit unseren Mischkulturen. Der Aufbau des Beetes sorgt für eine gute Humusbildung. Zusätzliche Wärme strahlt von innen nach oben, was früheres Pflanzen im Frühjahr sowie späteres Ernten im Herbst ermöglicht.

Es eignet sich dadurch besonders für raue Gegenden. Orte mit staunassen, verdichteten oder versalzenen Böden können mit Hügel- und Hochbeeten erfolgreich gärtnerisch bearbeitet werden, weil sie die Kulturen mit ihren Wurzeln aus den Problemzonen heben.

❯ Tipps

- Bei der Anlage eines Hügelbeetes beachten wir die **Ausrichtung** zu Sonne und Wind. Wenn möglich Nord-Süd und gegen die Hauptwindrichtung, doch manchmal werfen schon Hangausrichtung und Hangneigung diese Grundregeln über den

Durch ein Hügelbeet wird auf kleinem Raum viel erreicht

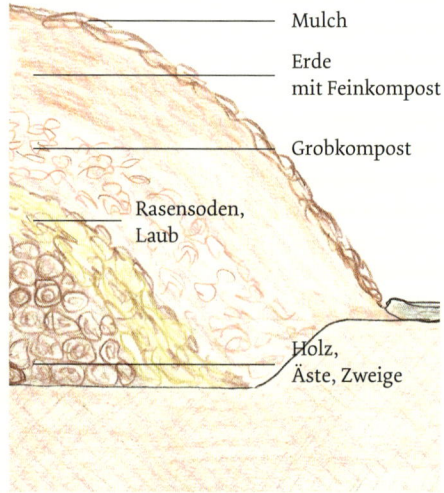

Mulch

Erde mit Feinkompost

Grobkompost

Rasensoden, Laub

Holz, Äste, Zweige

Aufbauskizze eines Hügelbeetes

Haufen. Dann helfen wir uns mit zusätzlichen Tricks (Sonnenfallen, Windbremsen).

- Idealerweise legen wir unser Hügelbeet **im Herbst** an, da es sich bis zum Frühjahr gut setzt und damit um einiges leichter zu bepflanzen und zu pflegen ist.

- Bei Hügelbeeten müssen wir jedoch gut auf den **Feuchtigkeitshaushalt** achten. Sie neigen bei schlampigem, unbedachtem Aufbau zu Trockenheit.

- Grundsätzlich arbeitest du mit den **Materialien vor Ort**. Davon hängt auch die anhaltende Wirkung (Wärme, Nährstoffe, Formstabilität) ab. Verwende also, was du hast, und wisse, was du tust!

  - Gibst du **dicke Äste** dicht geschlichtet in den Kern, so wird dein Hügelbeet lange die äußere Form wahren. Wegen der geringen Oberfläche des Kerns wird der Hügel nicht so bioaktiv und warm, hält aber für Jahre, und die Nährstoffe werden langsam aufbereitet und abgegeben.
  - Füllst du **Häckselmaterial** in den Kern, so hast du viel bioaktive Oberfläche. Das Beet sprüht vor Fruchtbarkeit und Wärme, es wird sich aber schnell verbrauchen (3–4 Jahre). Für den Feuchtigkeitshaushalt sind beide gleich ideal, da die Kapillarität wegen der Materialdichte gut wirken kann. Trotzdem beobachten!
  - Füllst du nur grob zerkleinertes **Gezweige** in den Kern, so wird dein Beet rasch zusammensinken, es wird wie eine Drainage wirken und leicht austrocknen, sich schnell verbrauchen und dich im Ertrag enttäuschen.

Bei allen Formen von Beeten kann man sich auch eine ästhetische Lösung für den Zugang ausdenken

> **Wegweiser**

Hügelbeete sind eine bewährte Gartentechnik, aber mache dabei keine Fehler! Eine Kräuterschnecke und ein Hügelbeet sind noch lange kein Permakulturgarten. Erkenne die Naturprinzipien, die dahinterstehen, frag dich, welche Effekte du nutzen möchtest. Platziere sie richtig. Wie viel an Energie steckst du hinein, wie viel kommt als Ertrag heraus? Wenn die Gesamtbilanz stimmt, dann bist du ein Permakulturgärtner!

- Bei Hügel- und Hochbeeten wird die fruchtbare Deckerde (oberste Schicht) häufig zu dünn aufgetragen und die Pflanzen bekommen im Wurzelbereich im ersten Pflanzjahr erhebliche Schwierigkeiten, weil sie in unverträgliche Zonen gelangen. **25 cm Deckerde** ist bei unseren Hügelbeeten die Untergrenze.

- Hat sich das Hügelbeet nach Jahren verbraucht, so öffne es von oben mittig. Arbeite die Erde gleichmäßig verteilt nach beiden Seiten. **Erneuere den Kern**, schließe es, schon dreht sich das Rad der Fruchtbarkeit und Wärme von neuem.

- Wenn du Platz und Lust hast, kannst du dich bei der **Formgebung** eines Hügelbeetes kreativ austoben. Warum nicht einmal die Form eines Füllhorns, einer Spirale oder eines einfachen Gartenlabyrinths mit einem Ruheort als Zentrum? Permakulturgärten sind in erster Linie nützlich, sie dürfen selbstverständlich aber auch schön sein.

Hochbeete

Hochbeete sind eine Sonderform des Hügelbeets mit einigem Zusatznutzen: Im Schichtenaufbau gleichen Hochbeete den Hügelbeeten. Sie können jedoch ideal der eigenen Körpergröße angepasst werden und garantieren ein ermüdungsfreies Arbeiten. Somit sind sie eine vorzügliche Beetform für Senioren oder körperlich eingeschränkte Gärtner.

Die vertikalen Wände und das richtige Maß machen alle Pflanzbereiche mühelos erreichbar. Mit etwas Phantasie und handwerklichem Geschick können sie noch mit einem Folientunnel, einer Schattiermöglichkeit oder sogar einem rollenden Glashäuschen versehen werden.

› Tipps

- Lege den **Boden** des Hochbeetes mit einem engmaschigen, verzinkten Gitter oder noch besser mit Lochziegeln aus – so hinderst du Maulwürfe, Wühlmäuse und Spitzmäuse am Eindringen. Die Regenwürmer und das Gemüse können sich ungestört und prächtig entfalten.

- Weiters hänge die langen Seitenwände alle 2 m mit einer **Eisenstange** zusammen, da Hochbeete durch den Druck der Erde gerne ausbauchen.

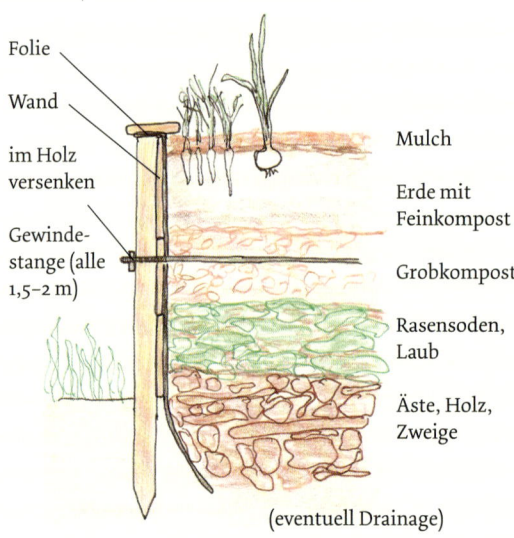

Folie
Wand
im Holz versenken
Gewindestange (alle 1,5–2 m)

Mulch
Erde mit Feinkompost
Grobkompost
Rasensoden, Laub
Äste, Holz, Zweige

(eventuell Drainage)

Aufbauskizze eines Hochbeetes

Hochbeete sind im Aufbau relativ einfach und machen die Gartenarbeit viel rückenfreundlicher

- Wenn du deine Hochbeete mit Holz baust, verwende am besten **Lärchenholz**, das du auf der Innenseite mit einer Folienschürze versiehst. Die Holzkonstruktion hält viele Jahre länger.

- Wenn du dein Hochbeet füllst, beimpfe es mit vielen **Regenwürmern**, denn sie durchlüften das Beet. Sauerstoff und Wasser gelangen so zum Heer der Mikroorganismen.

- Ein frisch aufgefülltes Beet kann nach wenigen Wochen 20–30 cm absinken. Nach der Ernte musst du es wieder **auffüllen**.

- Zwar brauchen Hochbeete **viel Kompost und Wasser**, sie sind dafür aber auch äußerst ertragreich. Nach jeder Ernte ausreichend mit reifem Kompost oder Regenwurmerde versehen.

Zwei bis drei Beete im Ausmaß von 6 x 2 m in Mischkultur mit ständigen Folgekulturen versorgen eine mittlere Familie (4 Personen) das ganze Jahr ausreichend mit den verschiedensten Arten von Gemüse.

Kraterbeete

Unser Planet hat ein außerordentlich buntes Gesicht. Während eine Ecke wegen Vielfalt und Fruchtbarkeit beinahe explodiert, gleicht eine andere eher einer Mondlandschaft. Raue Winde wehen über steinige Landstriche und tragen jedes Körnchen Erde mit sich. Der seltene Regen ist in kürzester Zeit weggeleckt. Dennoch sind dort Dörfer mit glücklich spielenden Kindern und fleißigen Gärtnerinnen und Bauern zu finden.

Die kroatischen Bauern im Karstgebiet, die persischen Bauern mit ihrem „Faladsch"- oder die Reisbauern Balis mit ihrem „Subuk"-System z. B. haben Wege gefunden, die ihnen trotz widriger Umstände gestatten, Landwirtschaft zu betreiben. Fein ausgetüftelte Bewässerungssysteme und besondere Beetformen machen das möglich.

Sie alle verwenden verschieden gestaltete Kraterbeete, bauen ihre Beete also nicht nach oben, sondern nach unten. Die Winde pfeifen über ihre Gärten und Äcker hinweg und die kostbare Erdkrume bleibt an ihrem Ort liegen. Das wertvolle Nass des Himmels und der Bäche wird über geschickt angelegte Kanäle in die Beete geleitet und bleibt so den Gärten mit ihren Früchten erhalten. So entsteht ein Kleinklima und inmitten unwirtlichster Gegenden eine von Leben pulsierende Oase.

Auch bei uns gibt es trockene, ausgesetzte, steinige Flecken. Hier kann das Kraterbeet mit seinen Wirkungsprinzipien eine optimale Gartengestaltungsmöglichkeit darstellen.

So ein Kraterbeet mag 3 m, 30 m oder 300 m Durchmesser haben. Nur örtliche Gegebenheiten, wie natürliche und wirtschaftliche Überlegungen, begrenzen das Ausmaß.

Jede Landschaft ist wie ein spannendes Kapitel eines guten Buches. Lies darin und versuche die Zusammenhänge zu verstehen. Du wirst wunderbare, praxistaugliche Gestaltungslösungen finden.

❯ Tipps

Du wohnst auf einer ungeschützten Geländekuppe oder du hast einen exponierten, trockenen Winkel in deinem Garten? Gönne dir das Experiment eines Kraterbeetes:

- Grabe ein **rundes oder ovales Beet** mit ca. 3–4 m Durchmesser und einer Tiefe von 50–60 cm im Zentrum. Dabei kannst du den Aushub am Beetrand zu einem Walm formen; dann brauchst du nicht so tief zu graben.

Vielleicht kannst du sogar im Zentrum einen **Miniteich** hineinlegen, den du mit dem Regenwasser des Hausdaches speist.

- Nimm die **Tabelle für Mischkulturen** und mache einen Bepflanzungsplan. Beachte zusätzlich, dass du die trockenheitstoleranten Pflanzen am oberen Beetrand platzierst, während du die feuchtigkeitsliebenden ins Zentrum rückst.
- Vergiss das **Mulchen** nicht!

› Wegweiser

Gärtnern ist beinahe an jedem Ort der Welt möglich. Viele Völker haben erfolgreiche Landwirtschaftssysteme entwickelt. Das gesammelte Wissen ist heute allen Menschen leicht und schnell zugänglich, da wir zumindest im Informationsbereich zum globalen Dorf geworden sind. Ob es uns auch gelingt, ein feines, angenehmes, solidarisches, globales Dorfleben zu entwickeln, ist noch offen.

Permakultur sammelt das Weltwissen und die Welterfahrung aller Lebensbereiche. Sie sortiert es nach Brauchbarkeit und fügt Dinge neu zusammen.

Unsere heutige Zeit giert nach Spezialisten und Experten. Die Bildungspolitik fördert Systeme, die Menschen zwar mit Zeugnissen und Zertifikaten, aber damit nicht automatisch mit Kompetenzen ausstatten. Sie fördern Hierarchien und Bewertungen. Selbst unser Bild der natürlichen Ordnungen ist von unserem Selbstbild geprägt und „menschelt" stark.

Auch hier ist die Natur für uns eine tolle Lehrmeisterin. Es gibt dort keine Hierarchien im menschlichen Sinne, kein Oben und kein Unten. Es gibt eine Unzahl gleichwertiger Ebenen, die alle miteinander vernetzt sind. Jede einzelne erkennt ihre Aufgabe klar und nimmt sie auch wahr. Sie alle kommunizieren miteinander. Tauchen auf einer Ebene Probleme auf, übertragen sich diese auf alle anderen.

Die Zukunft beginnt uns am Innergreinhof dann zu gefallen, wenn sich Biophysiker und Kleinbauer, Architekt und Hilfsarbeiter, Priester und Banker angeregt über das Leben unterhalten und sofern der Wert eines gesunden Kohlkopfes und des täglich gereinigten Büros als ebenso bedeutend erkannt wird wie die Entwicklung eines neuen Werkstoffs mithilfe der Bionik.

Permakulturleute schauen weit über den eigenen Zaun hinaus, reden miteinander und lernen voneinander.

Systemskizze eines Kraterbeetes: Windgeschützt und gut mit Feuchtigkeit versorgt

Ebenso mystisch wie ihr Name mutet das Aussehen von kreativ gestalteten Schlüssellochgärten an, doch sie sind nicht nur hübsch, sondern auch zweckmäßig

Mandala- und Schlüssellochgärten

Mandala- und Schlüssellochgärten sind formale Gestaltungsmöglichkeiten, wo sich alle wichtigen Kernpunkte eines Permakulturgartens in einem Gartentyp vereinen: Einteilung in kleinklimatische, ineinandergreifende Bereiche, naturrichtige Bodenpflege, arbeitsberücksichtigende Zonierung, intelligente Wegeführung, arbeitsschonende Umsetzung, ein ansprechendes Aussehen. Technisch können sie mit allen bisher erwähnten Beetformen umgesetzt werden und außerdem von deren Zusatznutzen profitieren.

> **Tipps für den Mandalagarten**

Wir möchten dir hier die Anlage eines einfachen Mandalagartens in Flachbeetausführung nach der Innergreinhofer „Mulch-total-Methode" beschreiben:

1. Wir betrachten die Zeit als einen unserer vielen wertvollen Mitarbeiter und mulchen die Fläche des geplanten Mandalagartens dick mit Heu. Wir ergänzen die Mulchschicht, sobald Grün vom Untergrund nach oben dringt. Wir warten mit den weiteren Arbeiten mindestens ein volles Jahr, damit der Boden richtig mürbe wird und der neue Garten auch schon von Anfang an seine Fruchtbarkeit voll entfalten kann.

2. Nach einem Jahr entfernen wir die noch vorhandene Mulchdecke. Eventuell noch nicht verrottete Grasnarbenreste werden mit der Forsthaue auf den Kopf gestellt und im Beet belassen.

3. Nun legen wir den Teich im Zentrum und die Wege mit den „Schlüssellöchern" fest, indem wir die Konturenlinien mit Sägemehl oder Steinmehl streuen. Wir heben die Wege

10 cm tief aus und verteilen die gute Erde in die Beete, ebenso verfahren wir mit dem Teichaushub. Die Teichtiefe bestimmen wir nach Belieben.

4. Der Rand des Mandalagartens und die Wegränder zum Beet werden mit Steinen oder Rundhölzern eingefasst.

5. Den Teich in der Mitte legen wir mit einer Teichfolie aus, zum Weg hin abgegrenzt wird er am Teichrand durch aufgelegte Steine. Somit haben wir das Grobgerüst.

6. Anschließend bringen wir eine Schicht guten, reifen Kompost auf der Beetfläche auf und verteilen einige Hände Regenwurmerde mit Regenwürmern.

7. Danach wird das Beet erneut gut abgemulcht.

8. Die Wege und die Schlüssellöcher werden mit einer 10 cm dicken Hackgutschicht abgedeckt. Nun ist der Garten pflanzfertig.

> **Tipps**

- Die Schlüssellöcher sind eine arbeitserleichternde Einrichtung, weil viele Arbeiten mit weniger Schritten erledigt werden können. Sie sollen nie zu groß ausgeformt werden, weil sonst dieser Effekt verloren geht.

- An den Wegrändern in der Nähe des Garteneingangs pflanzen wir Küchenkräuter und die rasch wachsenden oder rasch wechselnden Kulturen wie Kresse, Radieschen sowie Salate, Frühlingszwiebeln, Paprika, Peperoni, Zucchini etc.
  Dahinter finden Bohnen, Kohlarten, Karotten, Lauch, Lagerzwiebeln, Tomaten etc. ihren Platz.
  Am Rand stehen vielleicht als Windschutz Topinambur, Kürbisse, Mais, Kartoffeln, Beerensträucher etc.

Dies ist nur ein Beispiel. Genauso gut kann ein Schlüssellochhügelbeet als „moderner Bauerngarten" einen Sitzplatz umrahmen. Oder ein Schlüssellochkraterbeet mit bunter Mischkultur und einem Feuerplatz als Zentrum macht den einen oder anderen Abend unvergesslich.

> **Wegweiser**

Permakulturleute ahmen nicht bloß Strickmuster nach. Sie verstehen die Prinzipien und Gesetze, die dahinterstehen. Und sie machen sich's fein, weil sie einfach gerne leben.

Skizze eines Mandalagartens als Flachbeet

Hanggärten

Ich, Sepp, bin auf dem Innergreinhof mitten in die Bergwelt hineingeboren worden. Jeden Morgen beginnt der Tag mit ein und demselben Ritual: Aufstehen, hinein in die Hose und das „Leibele", hinaus auf den Balkon oder auf das „Platzl" vor dem Haus. Ein Blick über das Tal, ein zartrosa Leuchten der auslaufenden Lienzer Dolomiten, ein tiefer Atemzug und ein herzliches Dankeschön – jawohl, ich darf hier leben!

„Schwalbennester"

Während wir hier heroben zusehen, wie Jahr für Jahr am Talboden das gute Bauern- und Gärtnerland zersiedelt und zugebaut wird, brauchen wir uns hier oben um unsere Hänge keine Sorgen machen. Zu beschwerlich, zu viel Arbeit, also keine Gefahr.

Unsere Bauern hier hängen alle an ihren Schwalbennestern. Jeder sucht seine Überlebensstrategie und findet sie auch. Bevor hier ein Hoftor für immer zugeht, sind auf dem Land schon fünf geschlossen.

Nüchtern betrachtet wird jener Teil des Landes zugepflastert, der einfach und leicht landwirtschaftlich zu bearbeiten ist und wo die fruchtbare Ackererde auch liegen bleibt, weil sie nicht mehr tiefer rutschen kann. Raumplanerisch betrachtet ist das ein Teil des täglichen Weltwahnsinns.

Wir müssen an den Berghängen auf jedes einzelne Körnchen unserer Erde aufpassen, denn naturgesetzlich wollen alle hinunter in das Tal.

Wenn ich an das Gärtnern in Hanglagen denke, so fallen mir sofort die Bilder des Luftbildfotografen Yann Arthus-Bertrand ein. Die Terrassenkulturen der Hangbauern dieser Welt sind berauschend schön und funktionieren schon seit Jahrtausenden. Würden hier die teilweisen Monokulturen noch von landwirtschaftlicher und gärtnerischer Vielfalt abgelöst, so wäre das mein Abbild des Himmels auf Erden.

Die Indios Südamerikas und die Völker Asiens haben schon vor Jahrtausenden Wege aufgezeigt, wie eine große Anzahl von Menschen mit kleinen, gut gepflegten Flächen bestens versorgt werden kann.

Wir auf dem Innergreinhof sehen gerade in diesen kleinen, vielfältigen, optimal betreuten bäuerlichen Strukturen einen Ausweg aus der Hungerfalle. Kleine Einheiten machen unabhängiger vom Erdöl. Handarbeit wird möglich und auch attraktiv. Das Permakulturkonzept verbessert energetische und arbeitstechnische Abläufe. Die Kreisläufe sind leichter zu schließen. Die Lebensmittel werden alle vor Ort erzeugt und verbraucht und das sinnlose Herumkarren des täglichen Brotes über ganze Kontinente hat endlich ein Ende.

▸ Wegweiser

Gerade in unseren Hausgärten und auf unseren Terrassen und Balkonen können wir auf die zahlreichen Erfahrungen dieser Völker zurückgreifen. Wir sind imstande, auf eigenem, kleinstem Raum über Jahrzehnte vielfältige, wertvolle Lebensmittel zu erzeugen, ohne ständig andere Weltgegenden zu verwüsten und zu plündern. Wir lernen richtige Erdenpflege. Wir nehmen eine unserer wichtigsten Aufgaben zumindest teilweise wahr, indem wir durch eigene gärtnerische Erzeugnisse für die gesunde Ernährung unseres Körpers sorgen.

Permakultur bedeutet auch, mit und von dem Land zu leben – dort, wo dich das Leben hinstellt. Und findest du auch keine günstige Ausgangslage und hast du auch wenig Platz, Geld und

Werkzeug, so fange die Arbeit mit dem an, was du sicher hast, nämlich mit deinem Hirnschmalz.

Die Anlage eines Hanggartens

„Viele Wege führen nach Rom" und ebenso viele zu einem sicheren Hang.

Die einfachste und beste Methode ist das Bepflanzen mit ausdauernden Bäumen und Sträuchern. Im Permakulturgarten werden es vor allem Obstbäume und Beerensträucher sein, da wir ja eigene Lebensmittel erzeugen wollen.

Schwachwüchsige Obstunterlagen für mittlerweile alle Obstbaumarten machen das auch für sehr kleine Gärten möglich, ohne sich und den Nachbarn in einen „Permanentschatten" zu setzen.

› Tipps

· Qualitätsbaumschulen liefern ihre Obstbäume mit genauer Sortenbezeichnung und einem **Farbpunkt** am Stamm, der sowohl über die Stärke der Unterlage als auch über die geografische Ausrichtung während der Aufzucht informiert. Der Punkt zeigt nach Norden. Bäume entwickeln die Dicke ihrer Rinde nach den natürlichen Einflüssen. Auf diese Weise können sie beim Verpflanzen wieder in ihre ursprüngliche geografische Position gebracht werden und damit leichter an- und weiterwachsen.

· Die **Unterlage** bestimmt die Wuchsstärke. Informiere dich darüber in der Baumschule deines Vertrauens, denn es macht einen großen Unterschied, ob du einen Baum auch als Naturpergola nutzen möchtest oder ob er in einem Pflanzgefäß auf deinem Dachgarten gedeihen soll. Befasse dich auch mit den Wurzelsystemen der einzelnen Baumarten.

Terrassengärten sind in der Planung und Umsetzung etwas aufwändig, nutzen Hänge jedoch optimal aus

Hanglagen bedeuten eine große Herausforderung für Landwirtschaft und Gärtner, doch man muss sich ihr stellen

· Eine andere Lösung ist die Anlage eines **Waldgartens** nach unserer Hofmethode (siehe vorne, Kapitel „Der Wald – ein Garten in Stockwerken").

Ausdauernde und wechselnde Kulturen teilen sich den Hang, der Boden ist gerade auch aus Erosionsgründen ganzjährig gemulcht, leichte Hangverbauungen und feste Wege verhindern zusätzlich das Abgleiten der Erde und der Boden wird nicht bearbeitet.

Die ausdauernden Bäume, Sträucher und Kräuter halten mit ihrem Wurzelwerk die Erde fest, während die bunten,

Gartenbeete in aller Vielfalt

wechselnden Zwischenkulturen für zusätzliche Nährstoffvollwertigkeit und Geschmacksvielfalt sorgen.

Die Wahl der Pflanzen

Die Permakultur ist in den begünstigten Klimazonen entstanden, ihre bekanntesten Vertreter kommen von dort. Sie bringen ihre Gartenbilder mit ihren Pflanzenvergesellschaftungen und ihren Lösungsvorschlägen mit.

Viele Neulinge sind dann allzu schnell enttäuscht, weil sie beim bloßen Kopieren derselben zwangsläufig Schiffbruch erleiden. Die Wasserkastanie, das Zitronengras, die Banane sind bei uns nun einmal nicht beheimatet und wärmeverwöhnte Kinder.

Bei uns am Hof gehen wir sehr pragmatisch vor: Unsere Familie hat ihre eigenen Ernährungsgewohnheiten und geschmacklichen Vorlieben. Also bauen wir vor allem genau das an, was wir auch gerne essen. Wir wissen, was davon bei uns leicht und gut gedeiht.

Davon pflanzen wir reichlich. Empfindliche Pflanzen, die trotz natürlicher Standortverbesserung nicht so richtig gedeihen wollen, scheiden wir aus. Sinnlos herumgepäppelt wird bei uns nicht.

Unser Garten muss den Teller in erster Linie füllen, nicht nur dekorieren. Keller, Speisekammer und Hausapotheke wollen gut bestückt sein. Blumen für das Herz finden immer einen Platz.

Es gibt so viele Obst- und Gemüsearten, die selbst in den Alpen bestens gedeihen, mit wenig oder unaufwändiger Unterstützung. Schau dich in den Gemüse- und Obstgärten der Nachbarn um, tausche mit ihnen deine Gedanken und die eine oder andere Pflanze aus.

Mollison und Holmgren inspirieren mich mit ihren Büchern noch immer. Die geeigneten Entwicklungen für unsere Region jedoch ergeben sich aus den Gesprächen und der Zusammenarbeit mit den aufgeschlossenen Gärtnern, Bauern, Zimmerern und Baumeistern, Architekten, Lehrern,

Biologen etc. unserer eigenen Gegend – eben unseren Mitmenschen mit ihren Talenten und Erfahrungen vor Ort.

Permakultur heißt ja, regionale Aufgaben mit regionaler Kraft und regionalen Mitteln zu lösen. Das ist umweltfreundlich und nachhaltig. Die besten Ansätze einer Problemlösung für uns finden sich häufig nicht in Australien, Amerika, Asien, sondern schlicht hinter der Hausmauer oder dem Gartenzaun eines Nachbarn.

Terrassengärten

Am meisten verbreitet ist die gärtnerische Hangbearbeitung mit Hilfe von Terrassen.

Terrassen sind sanft geneigte bis flache Beete verschiedenster Größe, die talseitig mithilfe von Böschungen, mit Mauern, mit Holzkonstruktionen wie den „Krainerwänden" oder mit ingenieurbiologischen Bauweisen abgesichert oder gestützt werden. Terrassenbau erfordert gute Bodenkenntnisse, technische Erfahrung und handwerkliches Geschick.

Terrassenanlagen stellen einen erheblichen Eingriff in die Landschaft dar und verändern unter Umständen den Bodenaufbau und die Wasserführung des ursprünglichen Geländes in einem Ausmaß, dass anstelle der Hangsicherung ganze Hänge ins Tal rutschen.

Schau dir an, wie die Menschen deiner Umgebung derartige Aufgaben gelöst haben, du wirst dort wahrscheinlich die richtige Lösung und die beste Methode für deine Situation finden.

Hole dir den Rat anerkannter Fachleute der unmittelbaren Umgebung.

Wir möchten dir in diesem Buch drei Möglichkeiten von vielen mit ihren Vorzügen und Nachteilen vorstellen: die trocken gemauerte Natursteinmauer, die Krainerwand und den Flechtzaun.

Die trocken gemauerte Natursteinmauer

Sie ist eine bewährte und ästhetische Methode, Terrassen zu bauen, die sich dort besonders eignet, wo der Stein von Natur aus vorhanden ist und sich daher als Material anbietet. Trocken-

In einer Mauer – hier ein kleines Modell – lassen sich auch Behausungen für Nützlinge einbauen (siehe Kapitel „Insektenbrutwände")

mauern müssen aber immer wieder gewartet werden. Der Volksmund sagt: „Eine Trockenmauer muss ständig gefüttert werden". Ihre Anlage erfordert schon einige Grundkenntnisse.

- Je nach Boden und Höhe muss sie drainiert und fundamentiert werden. Der richtige Anlauf (Mauerneigung zum Gelände) macht das Ganze stabil. Es wird im Verbund gemauert, und die Steine sollten idealerweise kantig sein.

- Sie wird Stück für Stück aufgemauert und hält sich dabei selbst. Die Steine werden nie an das Gelände im Rücken gelehnt. Solche Mauern halten nicht!

- Danach wird kantiger Steinbruch als Drainage hintermauert. Dahinter wird mit Erde hinterfüllt. Ab und zu ragt ein langer Stein in das Gelände. Man nennt diese Steine „Binder".

- Wenn möglich Trockenmauern immer bei abnehmendem Mond errichten, da sie viel ruhiger bleiben. Ebenso halten Zaunpfähle fester, wenn sie bei abnehmendem Mond eingeschlagen werden.

Vorteile
- Abseits der Schönheit, Stabilität und der Dauerhaftigkeit des Materials bringen Trockenmauern Wärme in

den Boden und bieten vielen kleinen Tierchen eine Unterkunft.
- Sie sind auch bepflanzbar. Allerdings nicht mit Bäumen und Sträuchern, da deren Wurzeln die Mauer langfristig zum Einsturz bringen. Also Vorsicht!

Nachteile
- Die Herstellung erfordert einiges an Fachwissen. Es ist eine kraftraubende Arbeit.
- Die Mauern müssen ab und zu kontrolliert und ausgebessert werden.

Die Krainerwand

Die Krainerwand ist eine Rundholzkonstruktion, aus Lärche oder noch besser Robinie, und wird als ein- oder doppelwandiger Kasten ausgeführt. Sie ist einfacher zu errichten als die Natursteinmauer, hält aufgrund des Materials allerdings nicht so lange. Trotzdem ist sie für manchen Garten eine attraktive Terrassenbaumethode.

Die horizontalen Zwischenräume können zwischen den Pflanzen auch mit Steinen geschlossen werden. Das bringt Wärme in den Boden und sieht gut aus.

Vorteile
- Die horizontalen Zwischenräume können bepflanzt werden und so wird

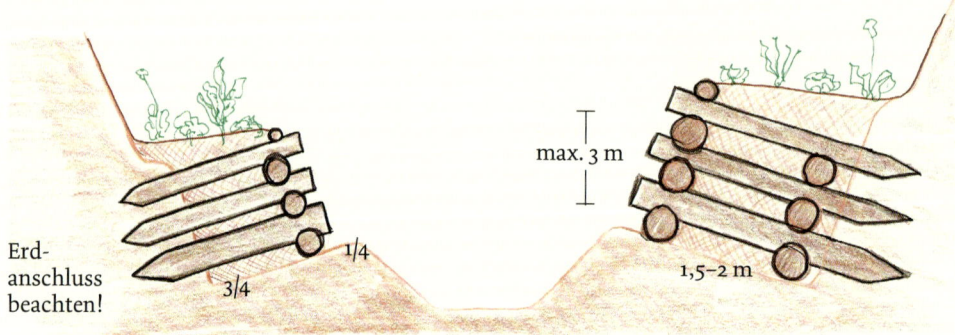

Einwandige (links) und zweiwandige (rechts) Krainerwand.
Sie hat den Vorteil, dass sie viel Raum schafft, der bepflanzt werden kann

auch der vertikale Raum produktiv genützt.
- Sie kann auch optisch durchaus ansprechend gestaltet werden.

Nachteile
- Begrenzte Haltbarkeit.

Flechtzaun

Der Flechtzaun eignet sich vor allem für niedrige Terrassen, die nicht südseitig exponiert sind (Austrocknungsgefahr).

1. An der geplanten, talseitigen Terrassenkante werden starke Pflöcke im Abstand von 1,5–2 m tief in den Boden geschlagen.

2. Zwischen diesen Pflöcken werden bis zu 5 schwächere grüne Weidenstecken in den Boden gerammt.

3. Danach werden Weidenruten 20 cm tief in den Boden gesteckt und in dieses Steckengerüst eingeflochten.

4. Das Flechtgerüst sollte 50 cm Höhe nicht übersteigen und wird mit Erde sorgsam hinterfüllt. Zum Geflecht sollte bestmöglicher Erdkontakt bestehen.

Vorteile
- Weiden schlagen relativ leicht aus, die grüne Wand kann mit

der Heckenschere beschnitten werden.
- Sie sieht schön aus und hält gut.

Nachteile
- Hoher Arbeits- und Zeitaufwand.
- Weidenmaterial muss genügend vor Ort sein.

> ▶ **Wegweiser**

Permakultur stellt immer Material- und Energieeinsatz den Ertragserwartungen gegenüber.

Gerade in der Gärtnerei beginnt die Unsitte, fremdländische Materialien in unsere Landschaften einzufügen. Indischer Sandstein und chinesische Töpferware sind vielleicht Prestigesymbole, doch bleiben sie Fremdkörper in unseren Gärten.

Die Atmosphäre eines Zengartens als Meditationsort lässt sich auch wunderbar mit regionalen Materialien einfangen, wenn man das Wesen des Zen erfasst hat.

Ein Permakulturgärtner, der Baumaterialien für den Garten aus weiterer Entfernung von seinem Wohnort als 20 km herbeikarren muss, hat Denkfehler in der Planung oder nicht begriffen, was Permakultur bedeutet.

„Global denken – lokal handeln" ist ein wichtiger Permakulturgrundsatz.

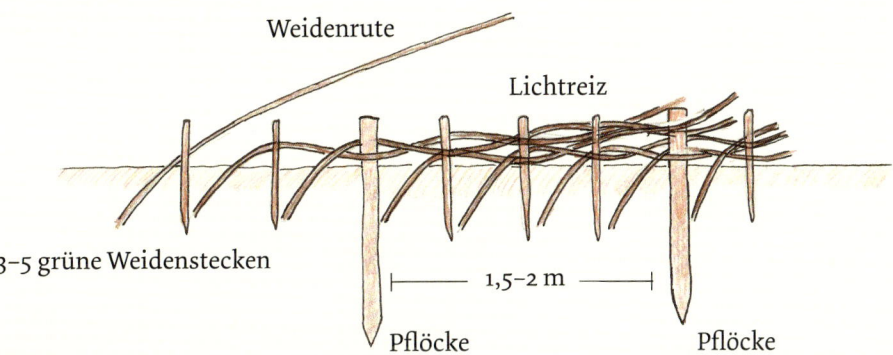

Skizze für einen lebenden Flechtzaun (Längsgeflecht) – aufwändig, aber schön

Minigärten, Gärten in der Luft und an der Hauswand

Vor einem Jahr sind wir auf dem Jakobsweg durch das Baskenland marschiert. Wir haben mit Freude festgestellt, dass die Basken unter anderem auch ein emsiges Gärtnervolk sind. Vor ihren Dörfern und Kleinstädten befindet sich immer ein Ring klein parzellierter Gärten. In jedem wächst eine farbenprächtige Palette an Gemüse heran, während ihre Häuser wie die Zellen einer Wabe wilder Bienen aneinanderkleben. Es ist das Bild städtischer Kleinstlandwirtschaft in ihrer ursprünglichsten Form. Einfach Balsam für unser Selbstversorgerherz.

Unnötige „Grau"samkeit

Doch ebenso sind uns auf unserem Weg die trostlosen Vorstadtlandschaften der Großstädte begegnet, die wohl allen größeren Städten der Welt gemeinsam sind. Geplant nach dem Muster überdimensionaler Legebatterien, übertüncht mit dem klassischen Weltvorstadtgrau, eingehüllt in leichten Tankstellendunst.

Wir haben sie meistens frühmorgens durchpflügt, um der Hektik und dem Lärm zu entkommen und damit sich ihr Grau nicht auf unsere Seelen legen kann. Uns wundert es wirklich, warum Politiker, Städteplaner und Architekten für solche Verbrechen an der menschlichen Seele nicht bestraft werden können. Dabei können Städte heimelig, bunt und lebendig sein.

Andere Entwürfe

Rudolf Steiner ordnet der Sonne die grüne Farbe zu. So ist es auch. Wir sind alle Sonnenkinder und beziehen unsere Lebensenergie direkt oder indirekt aus diesem Grün. Reichliches Grün in der Stadt nährt und formt sonnige Menschen.

Auch auf kleinstem Raum in verbauter Umgebung können Lebensräume für Pflanzen und Tiere geschaffen werden

Der Maler *Friedensreich Hundertwasser* hat mit seiner Architektur versucht, den Städten das Grün zu erhalten und den Menschen die Möglichkeit eines persönlichen, individuellen Ausdrucks zurückzugeben. Über seinen Baustil mag man ohne weiteres diskutieren. Der dahinterstehende Denkansatz ist jedoch zukunftsweisend. Wir Menschen brauchen das, wie die Bienen die Farbe am Flugloch, damit auch wir leichter und gerne nach Hause finden.

Der Architekt *Walter Segal* hat die Menschen nicht nur bei der Form- und Materialfindung für ihre Häuser unterstützt. Er hat sich stets für die soziale Situation und auch für die Talente seiner Auftraggeber interessiert und ihnen mit seinen einfallsreichen, leicht nachvollziehbaren Detailplänen die Macht über Mörtelkelle, Hammer, Nagel und Pinsel zurückgegeben.

› Wegweiser

Beim Reden kommen Leute zusammen, und das Ergebnis ist eher etwas Gescheites. Rede mit und finde deinen Weg.

Im innersten Kern unseres Wesens ist jeder von uns auf seine Art ein „Bauer" – wenn man einmal die inhaltliche Weite des Wortes und auch die ganzheitliche Bedeutung erfasst hat.

Permakulturfreunde denken und handeln immer sehr komplex. Gerade graue Hausfassaden und dunkler Asphalt unter den Füßen machen einen echten Permakulturanhänger erst recht zu einem erfindungsreichen, kreativen Gärtner.

Leblose Innenhöfe, ungenutzte Flachdächer, Balkone und Waschbetonterrassen, aufgelassene Werksgelände mit ihren Ladezonen etc. können mit wenig Aufwand grün erstrahlen.

Kreativer Miniteich Nahrung für Herz und Gaumen auf kleinstem Raum

› **Praxistipps: Stadtgärten**

Obwohl wir am Innergreinhof mit dem Land nicht geizen müssen, wissen wir, dass besonders für Städter der Zugang zu Gartenland nur schwer oder überhaupt nicht möglich ist.

Trotzdem möchten wir gerade die landlosen Stadtgärtner ermuntern, nach ungenutzten Plätzen, Winkeln und Ecken Ausschau zu halten und in Absprache mit den Verfügungsberechtigten mit dem Gärtnern zu beginnen.

Uns hat es im Zuge der Arbeit an diesem Buch einfach gereizt, einen kleinen, ganzheitlichen „Stadtgarten" zu bauen. Als zusätzliche Aufgabe wollten wir das ausschließlich mit Materialresten und gebrauchten Gegenständen bewerkstelligen. Es ist also zusätzlich ein wirklicher „Recycling-Garten" geworden.

· Bei Landschaftsgärtnern bleiben nach Beendigung einer Gartenanlage selbst bei genauen Materialberechnungen ab und zu Baustoffreste übrig. Insofern haben wir sicher leichten Zugang zu Ausgangsmaterialien. Wir haben nichts gekauft, sondern alle notwendigen Bauteile am Hof gesucht und zusammengetragen. Innerhalb von zwei Tagen ist ein Garten mit 3 m² Grundfläche, aber 4,5 m² Pflanzfläche entstanden.

· Gemüse, Kräuter, Beeren und Blumen teilen sich den Platz. Der Garten hat auch einen Miniteich und einen kleinen Pilzgarten.

· Da man sich in der Stadt nicht beliebig in der Breite ausdehnen kann, nutzen wir die Höhe als zusätzliche Gartendimension. Regale, Ablagen, Spaliere machen das leicht möglich.

· Eine Wurmfarm und eine Regenwassersammeltonne machen den Garten komplett. Wir denken, er sieht auch attraktiv aus.

Aufruf zur Zusammenarbeit

Die Stadt ist voll von Menschen mit verschiedensten Fähigkeiten auf engstem Raum, die schlicht auf ihre Entfaltung warten. Manche sprühen nur so vor Ideen. Andere haben ein goldenes Händchen. Wieder andere haben einen guten Draht zur Erde und zu den Pflanzen. Weitere sind Weltmeister im Organisieren, und nicht zu vergessen ist die Gruppe der geborenen Verhandler. Hier ist Zusammenarbeit gefragt, sinnvoll und leicht möglich. Die Zeit der Einzelkämpfer und dogmatischen Suppensieder ist vorbei. Eine vielschichtige Gesellschaft mit ihren vielschichtigen Fragen braucht vielschichtige Antworten. Also traue dich hinaus aus deinen Gemäuern, lege auch dein Talent auf den großen Tisch der Lösungsmöglichkeiten und bediene dich an den Schätzen der anderen in fairer Art und Weise.

Fehlender Platz im Wohnblock und mangelndes Geld sind vielleicht ein Grund, aber noch lange kein Hindernis, um sich mit der Permakultur zu beschäftigen. Phantasie und gegenseitiger Austausch von Talenten machen beinahe alles möglich.

Verweigerung in diesem Bereich bedeutet Einsamkeit und Mühsal.

Das allmähliche Verschwinden des „grünen Fußes"

Es kann trotzdem passieren, dass es bei allem guten Willen nicht gelingt, ein Stückchen Land zu ergattern. Was nun?

Wir haben noch viel zu wenig die Fenster, die Grenz- und Hausmauern und die Balkone als nutzbaren Gartenraum entdeckt. Die meisten neuen Häuser haben heutzutage keinen grünen Fuß mehr. Sie stehen wie ein isolierter Fremdkörper in der Landschaft. Eigentlich sollten sie ja organisch aus dem Boden herauswachsen.

Im modernen Wohnbau wird die Grünraumgestaltung oft von Bürogärtnern als lästige gesetzlich verordnete Pflichtübung absolviert. Einheitliches, sich ständig wiederholendes Anstandsund Abstandsgrün ist das Ergebnis. Die Gemeinschaftsfläche ist bedeckt vom „Hausmeisterrasen" und der typischen ABC-Gestaltung (Asphalt, Beton, Cotoneaster). Nicht wenige Landschaftsgestalter werden aus Existenzgründen zu Vollzugsgehilfen grünkrimineller Anschläge.

Kein Apfel, keine Zwetschge, keine Aprikose am Spalier kann vom Wohnzimmerfenster aus gepflückt und verschmaust werden. Kein Gemeinschafts-

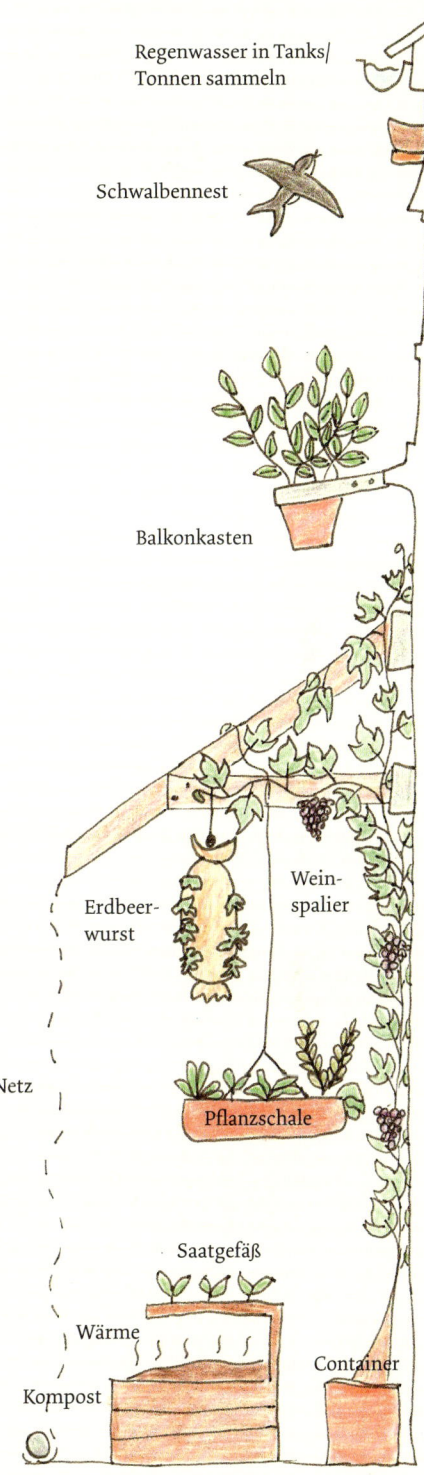

Regenwasser in Tanks/Tonnen sammeln

Schwalbennest

Balkonkasten

Erdbeerwurst

Weinspalier

Netz

Pflanzschale

Saatgefäß

Wärme

Container

Kompost

Ein bunter Garten an der Wand
(frei nach Graham Bell)

Gartenbeete in aller Vielfalt

113

platz ist im Garten zu finden, überdacht von einer großen Weinrebe. Keine Tomate schmiegt sich an die warme Hauswand. Keine Kräuterampel hängt vor dem Fenster, keine Erdbeerwurst für die kleinen Naschkatzen baumelt am Balkon.

Carpe diem!

Du hast Lust auf die Eroberung des senkrechten Gartenraumes? Carpe diem – nutze den Tag!

- Setz dich auf dein Fahrrad und streune durch dein Dorf oder deine Stadt.

- Richte deine Augen auf die Mauern, Hauswände, Balkone und Fenster.

- Manche deiner Mitbürger sind unentdeckte, kreative Genies im Gärtnern und wirken im Verborgenen. Wo es möglich ist, da sprich mit ihnen.

- Sie zeigen dir originelle, schöne Spalierlösungen und haben einzigartige hängende Gärten.

- Sehr viele übertreffen sowohl in praktischer als auch in finanzieller und ästhetischer Hinsicht manche Vorschläge aufdringlicher Hochglanzprospekte.

- Gönne dir möglichst viele solcher gezielten Abenteuertage, wir versprechen dir, dass du reich beschenkt mit Impulsen nach Hause kommst.

- Nutze dein Fensterbrett, deine Wand, deinen Balkon und stecke deine Nachbarn mit dem grünen Freuden- und Freundlichkeitsvirus an.

❯ Wegweiser

In der Permakultur müssen wir das Rad nicht ständig neu erfinden. Wir wählen lediglich zu jedem Fahrzeug den passenden Reifen.

Drei Anregungen für die Gartengestaltung mitten in der Betonwüste: Fenstergarten (oben), Hinterhofgarten (Mitte) und Balkongarten (unten)

Töpfe, Kübel und Kästen

Die kleinsten Gärten der Welt finden auch in der kleinsten Wohnung einen Platz. Allerdings verlangen sie auch das größte Fingerspitzengefühl. Es sind letztlich künstliche Gärten, die sich in künstlichen Räumen befinden und künstlich am Leben erhalten werden.

Geteiltes Leid ist halbes Leid

Zwischen den Kübelgärten und den Menschen gibt es zahlreiche Gemeinsamkeiten. Eigentlich sind wir Menschen dazu geboren, den Boden unter unseren Füßen, die Sonne in unserem Gesicht, den Regen auf unserer Haut, den Wind in unseren Haaren zu spüren. Wir sind Kinder der Natur. Wird es ab und zu extrem, so brauchen wir eine Höhle als Rückzug.

Tatsächlich verbringen wir die meiste Zeit in unseren Höhlen, losgelöst von Boden, Sonne, Regen und Wind. Wir beschäftigen uns mit zu vielen Dingen, denen vielleicht noch ein beschäftigungstherapeutischer Wert zugesprochen werden kann, die existenziell aber bedeutungslos sind. Und dann ziehen wir uns ab und zu zur Erholung in die Natur zurück. Offensichtlich läuft da einiges falsch. Gerade deshalb werden auch viele unserer Zeitgenossen sehr krank.

Ähnlichen Bedingungen sind auch unsere Topfpflanzen ausgesetzt. Trotzdem haben unzählige dieser domestizierten kleinen Füchse in mancher öden Vorstadt die Leiber und Seelen unzähliger domestizierter kleiner Prinzen lebenslang gesund erhalten. Danke dafür, die Liebe ist zweifellos eine Himmelsmacht!

Drei Beispiele fürs Topfgärtnern: geschlitzter Blechkübel, Holzkübel und Frostschutztopf

Kübel- und Topfgärten sind oft die einzige Möglichkeit, sich in städtischen Wohnbereichen einen „eigenen Garten" zu schaffen und Betonwüsten menschlicher zu gestalten. So entstehen auch in diesen lebensfeindlichen Räumen Inseln mit ein wenig natürlicher Lebensqualität.

Leider stellen sich auch viele Fragen und eröffnen sich manche Probleme.

› Praxistipps: Topfgärtnern

Hier listen wir eine Reihe von Überlegungen auf, die beim Topfgärtnern zu bedenken sind.

Hinweise für den Balkon

· Außen auf der Fensterbank findet man öfters Töpfe, die durch **eine Latte oder ein Gitter** vor dem Herunterfallen bewahrt werden. Wenn möglich, soll man Töpfe durch Kisten oder kleine Kästen ersetzen, weil ein größeres Volumen an Wuchsraum und Substrat grundsätzlich Wachstums- und Pflegevorteile bringt. Allerdings müssen diese dann wirklich ausreichend mit Kastenhaken gesichert sein.

· Saisonale Bepflanzungen brauchen keine **frostfesten Gefäße**, mehrjährige Kistengärten schon. Sie neigen stets zur Austrocknung und müssen auch an warmen Wintertagen ab und zu gegossen werden.

· Liegt dein Fenstergarten auf der **Wetterseite**, kommen nur wenige Pflanzen mit diesen Extremsituationen zurecht.

Pflege: Düngen und Gießen

· Wir **impfen** unsere Pflanztröge mit Regenwürmern. Sie halten die Topferde locker und liefern wertvollen Dünger, doch müssen dann auch die Tröge gemulcht werden, damit unsere kleinen Freunde nicht hungern und die feinen Pflanzenwurzeln schonen.

Gartenbeete in aller Vielfalt

Ein phantasievoller hängender Garten –
wiederverwenden statt wegwerfen!

- Bei den frostempfindlichen Pflanzenkindern überwintern die Würmer mit diesen im frostsicheren **Keller**. Im kühlen Keller setzen sie ihre Aktivität allerdings merklich herab.

- Auch die **Düngung** ist nicht so einfach. Selbst mit organischen Düngern, wie z. B. Hornspänen, kann man so machen grünen Freund vorzeitig und unfreiwillig ins Jenseits befördern, denn 14 % Stickstoff sind nicht so ohne.

- Wir düngen unsere Topfpflanzen nur mit Kompost und Regenwurmerde, Steinmehl und punktuell mit Pflanzenjauchen sowie Holzasche. **Vorsicht** ist noch immer die Mutter der Porzellankiste.

- Auch Topfgärten brauchen eine Wasserabflussmöglichkeit und tendenziell werden die meisten Minigärten **zu nass** gehalten. Die Wurzeln stehen permanent im Saft und neigen deswegen zum Faulen. Eine weiße Kruste auf der Erdoberfläche des Topfes oder des Troges zeigt das an.

- Also auch hier Vorsicht, ab und zu den Finger in die Erde stecken, bei kleineren Gefäßen hie und da das Wurzelbild **kontrollieren**, schließlich langsam ein Gefühl für das richtige Maß entwickeln. Pflanzen sind ja keine Roboter. Beobachte also gut ihre Blätter, denn sie zeigen uns, was sie brauchen.

Geschickte Platzierung

- Die meisten Balkone ragen kaum über das Vordach hinaus und sind in der Mehrzahl nicht mehr der Witterung voll ausgesetzt. Der meist rechteckige, lang gestreckte Grundriss bietet zur leichteren Möblierung eher die Verwendung **eckiger Gefäße** und Tröge an.

- Bei Saisonbepflanzungen geben wir das Pflanzsubstrat zu **Saisonende** auf den Kompost, wo sich die Würmer für die Winterruhe in die Erde zurückziehen können. Bei kleinen und mittleren Gefäßen mit mehrjähriger, winterfester Bepflanzung sind sie jährlich zum Tode verurteilt, weil sie erfrieren. Sie werden wieder zu Erde. Im Frühjahr werden die Gefäße neu geimpft.

- Ungünstige Längen- und Breitenverhältnisse lassen sich durch geschicktes **Gruppieren** oder durch das Umfunktionieren zu einem grünen Raumteiler spürbar harmonischer gestalten.

- Das erweiterte grüne, **essbare Wohnzimmer** kann durchaus Realität werden. Töpfe, Kisten, Kästen können auch hier auf verschiedenen Ebenen ihren Platz finden.

- Auf der Brüstung direkt vor der Eingangstür befinden sich die **Küchenkräuter**. Einige davon hängen ganz vorne als Ampel von der Decke und lockern die horizontale Sicht auf, während sich aus Bodengefäßen auf der einen Seite ein Schlinger mit Unterpflanzung seinen Weg zum Licht sucht und auf der gegenüberliegenden Seite zwei Tomatenstauden die ersten zartroten Wangen bekommen.

- Ein **Superspindelbäumchen** im Topf, zum Zweck der Raumteilung als Spalier gezogen, erfreut die Bewohner alljährlich mit den frühen, knackigen Kläräpfeln. Und dazwischen Blumen als Boten für eine erneuerte Liebesbezeugung dem Partner gegenüber.

- Frühstück bei Sonnenaufgang mit einem frisch gemachten Kräuteraufstrich in der privaten grünen Oase inmitten einer Wohnwüste. **Wildromantisch** und gleichzeitig ein wirklich kräftiges Lebenszeichen, oder?

- Diese Szenarien dürfen uns aber nicht vergessen lassen, dass wir mit unseren Trögen, angefüllt mit Erde, unter Umständen ein ganz erhebliches Zusatzgewicht auf den Balkon bringen. Also bitte die **statischen Voraussetzungen** in die Planung mit einbeziehen.

- Rankende und hängende Pflanzen an den Ecken **vergrößern** den Raum optisch. Der Platz kann durch selbstgebaute Pflanzgefäße und Balkonmöbel optimal genutzt werden.

> ### Wegweiser

In der Permakultur schulen wir unseren Geist, unser Herz und alle unsere Sinne und wenden sie auch alle gleichzeitig an – das macht uns zu ganzen Menschen.

Unseren Weg kreuzen mitunter Zeitgenossen, deren Hauptaufgabe im Beklagen des allgemeinen Weltzustandes liegt. Die zunehmende Umweltverschmutzung, das herannahende Ende des Erdöls, die wirklich spürbare Klimaveränderung stürzen sie zumindest in eine verbale Depression.

Jammern nützt nichts. Und mancher, der sich selbst als einzigen und unentbehrlichen Weltretter sieht, ist sehr wahrscheinlich vom Virus des Hochmuts befallen und sollte dringend zum Arzt.

Auf unserem Hof halten wir uns lieber an Martin Luther: „Wenn ich wüsste, dass morgen die Welt untergeht, würde ich heute noch ein Bäumchen pflanzen".

Gut auf das Land zu schauen, so liebevoll wie möglich mit der Mitwelt umgehen, nicht dem Kaufrausch verfallen, ein zufriedenes Leben führen – das können wir jede Sekunde unseres Lebens für uns umsetzen, ganz egal, wo wir uns auf diesem Globus befinden. Und damit haben wir wahrscheinlich auch den einzigen und wesentlichsten Lebensauftrag erfüllt, jeder für sich und nach seinem Vermögen. Stimmt unsere kleine Welt, so stimmt die große ein Stück mehr.

Echte Permakulturisten suhlen sich nicht in Problemen und brauchen keine Gurus. Sie suchen täglich nach Lösungen und finden sie auch.

Gartenbeete in aller Vielfalt

Das grüne Dach unseres Putenstalls als erster Versuch mit der Aufforderung zum Nachmachen:
Lieber klein anfangen als gar nicht

Das grüne Dach

Friedensreich Hundertwasser sagt: „Die Vertikale gehört dem Menschen, die Horizontale gehört der Natur". Ein Ausspruch, gut genug zum Nachdenken.

Die Vorteile der Begrünung von Dächern

Durch Baumaßnahmen gehen alljährlich mehrere Millionen Quadratmeter an Naturflächen mit ihren Naturleistungen verloren. Sauerstoffproduktion, Luftkühlung, Feuchtigkeitsregulierung und Staubbindung, Regenwasserspeicherung, Heimat für Fauna und Flora – all diese Aufgaben werden von den verbauten Flächen nicht mehr erfüllt.

Langsam wachsen bei Gemeinden, Planern und Bauherren das Bewusstsein und die Bereitschaft, diesen „Naturverlust" durch die Begrünung von Dächern zumindest zum Teil wieder auszugleichen. Warum holen wir die Natur nicht in die Städte zurück? Die Begrünung der Dächer könnte ein weiterer kleiner Schritt in diese Richtung sein. Die ökologischen Wohlfahrtswirkungen würden teilweise wiederhergestellt und Flora und Fauna hätten Sprungbretter für den Biotopverbund.

Grundstücke würden zweifellos aufgewertet durch Mehrfachnutzen und optische Attraktivität. Wärme und Schallschutz, Temperaturausgleich, Schutz der Dachhaut vor UV-Licht und mechanischer Beschädigung wären nur einige Vorteile.

Rein technisch ist schon alles machbar, vom leichten, extensiven Fetthennendach bis zum kleinen Dachpark. Preislich und im Aufbau liegen natürlich Welten dazwischen. Ein extensives Gründach ist nicht teurer als eine konventionelle Dacheindeckung, also sind die Kosten allein kein Hindernis. Es gibt für jeden Geldbeutel das passende Gründach. Ökologisch ist das einfachste wertvoller als jede konventionelle Eindeckung und mindestens auch gleich gut.

Sedum, Hauswurz

Trennvlies
Erde/Kies

Kies (18/32)

Substrat

Folie

Vlies

Dachbretter (Schalung)

Schematische Darstellung der Schichten eines Gründachs

> ## Praxistipps: Ein kleines Experiment für den Anfang

In deinem Garten steht ein Kaninchen-, Hühner-, Entenstall und braucht eine Eindeckung? Du hast einen kleinen Lehmofen gebaut, den du vor dem Regen schützen musst? Oder dein Brennholz an der Mauer würde sich über eine Eindeckung freuen?

Etwas Konstruktionsholz, ein Rest Geotextil, ein Streifen Kautschukteichfolie und ein Rest Abflussrohr mit passendem Deckel genügen, um dich selbst von der Schönheit und der einwandfreien Funktionsweise eines Gründachs zu überzeugen.

Unsere Geflügelhütten sind schon seit 10 Jahren dicht, und die jährliche Blüte auf der handrückendicken Erdschicht ist eine einzige Wucht.

Bei der Bepflanzung haben wir bloß die Ästchen verschiedener Fetthennenarten sanft zwischen den Händen verrieben, die Sprossteile auf der Dacherde verteilt und gut angedrückt.

Ebenso sind wir mit den Hauswurzarten verfahren.

Dieses kleine Experiment verlangt weder übermäßiges Talent noch hohes Kapital. Es macht dich mit der Wirkungsweise des Gründachs vertraut und schafft ein zusätzliches farbenfrohes Biotop in deinem Garten. Vielleicht macht es auch Lust auf mehr Gründach.

> ## Wegweiser

Permakulturfreunde bauen vielfältige Brücken und Stege für Flora und Fauna und verbinden Architektur und Natur.

Permakultur ist keineswegs nur Gärtnern, sondern das Bauen an einer nachhaltigen (permanenten) Kultur mit allem, was dazugehört.

Die Hauswurz ist die traditionelle Pflanze für die Dachbegrünung und hält angeblich auch Unheil ab

◆ Ohne Wasser kein Leben

In diesem Kapitel erfährst du, ...

... warum der Spruch „Wasser ist Leben" keine leere Phrase ist und nicht oft genug betont werden kann.

... wie wir uns einen optimalen Wasserkreislauf vorstellen und wie du ihn umsetzt.

... auf welche Weise du das natürliche Regenwasser am besten auffängst, speicherst und verteilst.

... dass die beste Voraussetzung für gelungenes „Wassermanagement"

die genaue Beobachtung der Natur ist.

... ob sich für deinen Garten eher ein Natur- oder ein Folienteich eignet und welche Schritte dich zur Verwirklichung deines Traumes „Mein eigener Gartenteich" führen.

... wie dein Teichbauprojekt zu einer wunderbaren Party wird.

... dass du selbst auf deinem Balkon einen Wassergarten entstehen lassen kannst.

Wasser: Seine Bedeutung und seine Funktion

Wer sowohl der Wissenschaft als auch den spirituellen Traditionen der Welt gegenüber aufgeschlossen ist, entdeckt, dass das Universum beinahe biblisch mit dem Wasserstoff begonnen hat – und unser Leben hier auf Erden durch die Vermählung zweier Wasserstoffatome mit einem Sauerstoffatom. Wasser ist der größte Schatz des Weltalls. Es macht die Erde zu diesem einzigartigen blauen Planeten in unserem Sonnensystem.

Die unermessliche Bedeutung des Wassers

Der richtige Abstand zur Sonne lässt das Wasser in seinem flüssigen Zustand verharren.

Schon kleinste Veränderungen lassen es verdampfen oder frieren. Unsere Nachbarplaneten erzählen davon. Von den 93 in der Natur vorkommenden Elementen finden sich 80 im Meerwasser. Alle zusammen ergeben die 3,5 % des Salzgehaltes der Weltmeere. Das Salz spielt bei der Entstehung des Lebens eine bedeutende Rolle. Auch die noch lebensfreundliche mittlere Erdtemperatur von 15 °C verdanken wir dem Wasser, indem es unseren Planeten schon seit Jahrmillionen in eine Wolkenhülle aus Wasserdampf mit anderen Spurengasen verpackt.

Wasser ist ein einmaliger Wärmespeicher. Wenn die Sonne bereits untergegangen ist, halten die Ozeane die Sonnenwärme zurück. Sie spülen die Sonnenenergie mit den warmen Meeresströmungen von den Tropen zu den Polen.

Wir haben dem Wasser unser Leben zu verdanken. Wer seinen Kreislauf und seine Bedeutung versteht, kann dies für den eigenen Garten nutzbar machen

Ohne Wasser kein Leben

Wasser ist ein sehr wandlungs-
fähiger Lebensstoff. An dem ständigen
Kreislauf von Verdunstung, Regen und
Abfluss nehmen jedoch nur 0,3 % des
Weltwassers teil.

Wenn es bei manchen Gewittern so
richtig blitzt, wissen wir, dass durch
diese elektrische Kraft Luftstickstoff in
pflanzenverfügbares Nitrat verwandelt
wird und mit dem Regenwasser in den
Boden gelangt.

Viele faszinierende Landschaften
der Erde sind der erodierenden Kraft
des Wassers zu verdanken. So manches
Naturmonument ist das Ergebnis des
alten Sprichworts: „Steter Tropfen
höhlt den Stein." Andere Gegenden
werden vom Wasser verwüstet, um –
erdzeitalterlich gedacht – nach Sekun-
den wieder als Paradies wie Phoenix
aus der Asche zu steigen.

Es nagt an den Felsen, löst Stoffe auf,
trägt sie an andere Orte, mischt sie
neu zusammen und wird so zum bedeu-
tendsten Geburtshelfer allen Lebens,
ohne dabei seine eigene Struktur aufzugeben. Es ist das große Zaubermole-
kül, die Wiege allen Lebens, die Mutter

jeden Staates, der ersehnte Lebensbote
jeden Ackers oder Gartens …

… und trotz aller Forschung wissen
wir noch sehr wenig darüber.

Bewusstsein für das Wasser entwickeln

Gönne dir ein Glas gutes Trinkwasser,
stelle es vor dir auf den Tisch.

Werde dir bewusst, dass dieses Wasser sämtliche Erfahrungen
von der Weltentstehung bis heute
bereits hinter sich hat.

Zuallererst im Erdinneren einge-
schlossen, über die Urvulkane als
Dampf entlassen, ist es als Urregen auf
den noch lange brodelnden Planeten
zurückgefallen. Nach dessen Abküh-
lung zu Urbächen, Urseen und Ur-
ozeanen geworden, hat es dort erstes
Leben hervorgebracht und als Folge
auch mit großem Formenreichtum auf
das feste Land begleitet. Seit dieser Zeit
ist es ständig im Kreis aus dem Boden
über die Wurzeln der Bäume hinauf in
deren Kronen und weiter in die äußer-
sten Schichten der Atmosphäre hinauf-

Blühender Fieberklee

gestiegen. Wieder heruntergefallen, hält es Pflanzen und Tiere am Leben. Es hat ebenso den Menschen den Hunger und Durst gestillt, ihre Wasserräder und Turbinen betrieben, ihre Schiffe getragen, ihren Dreck weggespült und ihren Abfall geschluckt.

Es begleitet die Menschwerdung im Fruchtwasser, stillt des Menschen Durst zeit seines Lebens und löst den Körper nach dessen Tod auf, um ihn wieder für neues Leben vorzubereiten.

Wir haben also allen Grund, dem Wasser achtsam zu begegnen!

Wasser und zwischenmenschliche „Chemie"

Wenn du das nächste Mal einem Mitmenschen begegnest und eure Chemie nicht auf Anhieb stimmt, so erinnere dich daran, dass dein Körperwasser auch nichts anderes sammelt als alle Erfahrungen deines eigenen Lebens. Vielleicht trennt dich von deinem Gegenüber nicht mehr als die spontane Reaktion zweier Körpergewässer mit grundverschiedenen Erfahrungen.

Möglicherweise sind wir am Innergreinhof nur sehr einfach „gestrickt", uns gefällt dieses Bild trotzdem, und es lässt Türen zur Begegnung offen.

Isaac Newton sagt: „Unser Wissen ist ein Tropfen, was wir nicht wissen, ist ein Ozean." Wie wahr.

Kluge Permakulturplaner wirken in ihrer Arbeit jedenfalls wie Emulgatoren.

› Wegweiser

Wasser ist vielfältig nutzbar. In den Religionen der Welt ist Wasser stets das Urbild der sanften Kraft mit der Fähigkeit, alles reinzuwaschen. Mittlerweile ist der Inbegriff von Kraft und Leben durch Übernutzung und Missbrauch zu einem Symbol für Verletzlichkeit und Ausgeliefertsein geworden und muss selbst gereinigt werden.

Wir müssen sehr aufpassen, dass wir nicht eines Tages völlig erstaunt in einer Welt voller Wasser aufwachen, das niemand mehr trinken kann. Die Permakultur weiß um die Schlüsselfunktion des Wassers, sie nutzt es achtsam und entlässt es rein vom Grundstück.

In jedem Garten findet sich Platz für das Element Wasser – es muss nicht so ein großzügiger See wie hier sein, selbst auf dem Balkon lässt sich ein Wasserspiel einrichten

Der Wasserkreislauf im Permakulturhaus

In der Permakulturgestaltung sind wir bemüht, das Wasser so lange wie möglich am Grundstück zu behalten, es vielfältig zu nutzen und zum Schluss möglichst sauber vom Grundstück zu entlassen.

Das Schema

Das Schema des Wasserkreislaufs im Permakulturhaus zeigt mögliche und erstrebenswerte Lösungsansätze für das Haus.

Die (nicht ganz einfache) Umsetzung

Am Innergreinhof streben wir diesen stimmigen Kreislauf ebenso an und haben in diesem Bereich noch einiges zu tun. Die Pflanzenkläranlage ist in Planung, die Regenwassernutzung gehört noch optimiert, und für die Wassererwärmung mit Solarenergie fehlt im Moment das nötige Kleingeld. Auch bei uns geht also nicht alles nach Wunsch. An manchen Gedanken muss auch noch technisch gefeilt werden.

Wir wollen diese Aufgaben alle im Selbstbau erledigen, da es für uns wichtig ist, die einzelnen Systeme in- und auswendig zu kennen und selbst warten

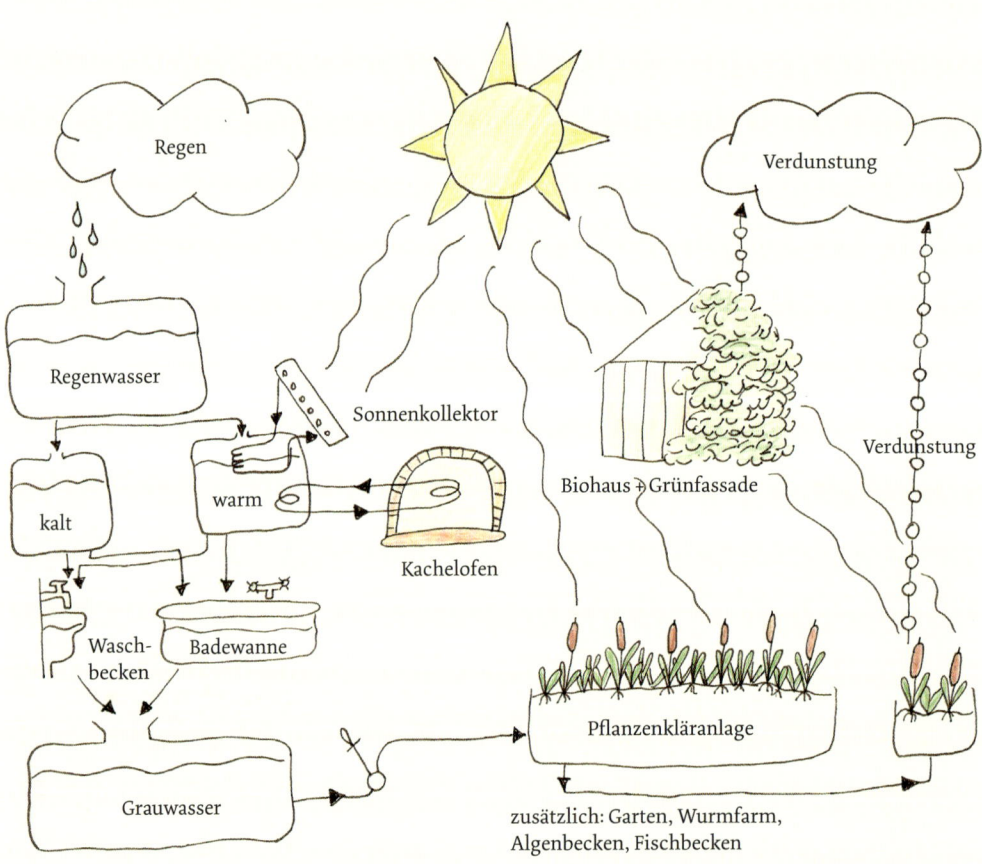

Der Wasserkreislauf: Das Permakulturhaus versorgt und entsorgt sich selbst
(frei nach Biotekt Rudolf Doernach)

zu können. Als Anhänger angepasster Technologien vermeiden wir hochtechnische Lösungen in den existenziellen Lebensbereichen. Wir betrachten uns jedoch keineswegs als technikfeindliche Aussteiger. Im Gegenteil, wir suchen ständig einfache, sozial- und umweltverträgliche Lösungen, die genau auf unsere Bedürfnisse zugeschnitten sind. Wir können deren Möglichkeiten und Grenzen dadurch auch sehr genau einschätzen.

> **Wegweiser**

Lass dir das Schema durch den Kopf gehen.

Erstelle für deinen Hof, dein Haus, deine Wohnung, deinen Garten einen eigenen, geschickten „Wasserwirtschaftsplan" und schone damit die Umwelt und deinen Geldbeutel.

Permakultur schließt natürliche Kreisläufe.

Regen ist Segen und allerlei Wasserspeicher

Art und äußerer Erscheinungstyp der Permakultur sind ganz entscheidend vom verfügbaren Wasser eines Standorts abhängig. So haben sich daraus weltweit regionale Landwirtschafts- und Gartentypen herausgebildet, die sich manchmal jahrtausendelang bewährt haben.

Leitfaden: Bestimmung der verfügbaren Wassermenge

- Gibt es Quellen, Bäche, Teiche, die genutzt werden können?
- Gibt es regelmäßig Regen?
- In welchen Mengen?
- Wie verteilt er sich übers Jahr?
- Können wir die Geländeneigung mit der Schwerkraft zur natürlichen Wasserverteilung nutzen?

Ideen für die Speicherung von Regenwasser

Während wir die Wasserhaltefähigkeit des Bodens durch Geländegestaltung, durch Bodenbedeckung und geschickte Pflanzenauswahl für unsere Zwecke verbessern können, haben wir auf das natürliche Wasseraufkommen keinen Einfluss. Es bleibt uns nur die Möglich-

Ohne Wasser kein Leben

keit, das Wasser so gut wie möglich zu speichern.

- **Wassertank:** Wir wollen das Regenwasser in einem eigenen Tank oder in einer findig angeordneten Behälterreihe auffangen. Wir können es mit Rohren oder oberflächlich in den Garten leiten und über Drainagerohre oder oberflächliche Wasserrinnen geschickt verteilen.

- **Teiche:** Wir bauen Teiche, von denen wir sanft geneigte waagrechte Gräben wegführen. Wir speisen diese vorerst mit dem Überlauf und später mit Verstellung der Mönche mit Wasser, das von dort langsam und sanft in den Boden unserer Gärten eindringt. Es gibt unzählige Möglichkeiten, von einfachen Behältern bis zu kleinen Staudämmen, die wir alle miteinander netzartig verbinden können.

- **Steuerung:** Praktischerweise sollte jede Wasserstelle unabhängig von den anderen steuerbar sein.

- **Verteilung:** Die Kulturarten bestimmen, wohin wie viel des kostbaren Nass gelangen soll.

Regenwasser ist das beste Gießwasser

Du hast eine Regenwassertonne im Garten. Hänge ein Stück Kupferblech in den Bottich, wirf eine Hand voll Hornspäne und ein paar Hände voll Steinmehl in das Wasser. Das Leben im Wasser blüht auf. Algen und Kleinlebewesen halten Hochzeit und färben es grün.

Ein kleiner Guss dieser äußerst bioaktiven Suppe regt das Wachstum der Gartenpflanzen mächtig an und hält sie gesund. Eine einfache, bewährte Methode tatarischer Gärtner in Südrussland. Warum nicht auch bei uns?

Bis zu 200 Frosch- und Krötenpaare laichen in unserem Teich, in dem sich bald darauf unzählige Kaulquappen tummeln

Üppiges Wachstum im Wassergarten

Teiche

Wassergärten sind aus ökologischer Sicht die ertragreichsten und schönsten Gärten der Welt, sprudelnd vor Leben. Was kann unsere Seele mehr berühren, als das Abbild des Himmels in einem romantischen Weiher zu entdecken? Oder in einer silbernen Vollmondnacht am Teich zu sitzen, durch das eigene Spiegelbild hindurch auf den innersten Seelengrund zu blicken und zu erkennen, dass das Leben schon stimmt, so wie es eben ist.

Ganz gleich, ob Pfütze, Tümpel, Weiher oder Minisee

Welche Bedeutung Wasserstellen für das Leben haben, wird uns am Innergreinhof spätestens klar, wenn sich im Frühjahr bis zu 200 Frosch- und Krötenpaare zum Laichen bei unserem Teich einstellen, drei Ringelnattern gleichzeitig ihr Jagdglück versuchen, ein ganzer Schwarm von Rauchschwalben und Mauerseglern in der Morgensonne über dem Teich seine Flugtänze aufführt oder wenn die Bergmolche in regelmäßigen Abständen zum Luftschnappen an die Oberfläche aufsteigen und Libellen sich im Fluge paaren. Das üppige Pflanzenwachstum mit all seinem Blütenreichtum während des Jahres macht das Bild vollkommen.

Wer das begreift und die Zusammenhänge zwischen den Gewässern und ihrer Umgebung zu deuten vermag, betritt eine Welt, die ihn ein ganzes Leben nicht mehr loslässt. Wasser ist Leben, und dieses Element verändert einen Garten von Grund auf.

Ohne Wasser kein Leben

Ein Spaziergang in der Natur macht einem Permakulturgärtner sofort klar, dass es nicht den einen Teich, sondern eine Vielzahl von Wassergartenvarianten gibt: die Pfütze, die regenwassergefüllte Fahrspur, den Grundwassertümpel, den Moorteich im Wald, den Sumpfgraben in der Wiese etc.

Auch gibt es nicht den einen Standort. Einer liegt in der vollen Sonne, der andere im Halbschatten, ein dritter mitten im dunklen Wald. Sie unterscheiden sich lediglich in ihrer Ökologie. Wertvoll sind sie alle.

Die Tiefe der Teiche ist ebenso variabel und wird von natürlichen Gegebenheiten bestimmt. Teiche sind zusätzlich immer Wärmespeicher und der Wasserspiegel erwärmt außerdem durch seine Spiegelung des Sonnenlichts dahinterliegende Hänge oder Gebäude.

Wassergärten sind ebenso bunt und vielfältig wie Gärten auf dem Lande.

Permakulturgärtnerinnen wissen das und nutzen dieses Wissen geschickt.

Leitfaden: Der Plan für deine Wasserstelle entsteht

Mittlerweile bist du mit der komplexen Denkweise in der Permakultur vertraut. Die Bedeutung des Wassers ist dir klar, und in den Fingern beginnt es schon wieder zu jucken? Setz dich in den Garten und überlege dir Folgendes:

- Wo und in welcher Form könntest du dieses Lebenselixier in deinen unmittelbaren grünen Wirkungsbereich einbauen?

- Wie willst du deinen Wassergarten speisen?

- Welchen Nutzen willst du daraus ziehen (Feuchtbiotop, Vogelbad, Gartenbewässerung, Wasserpflan-

zenvermehrung, Schwimmteich, Köderfischzucht, Speisefischzucht, Seelenbad, Wasserlehrpfad etc.)?

- Kannst du verschiedene Nutzungsmöglichkeiten miteinander kombinieren?

- Welche Grundinformationen zur Umsetzung fehlen dir noch, wo kannst du sie erhalten?

- Welche Bauweise ist geeignet? Mit welcher bist du vertraut? Welche führt dich gut zum Ziel?

Schwing dich wieder auf deinen Fahrradsattel und begib dich auf deine private Wasserexkursion. Setz dich an ein Flussufer oder an einen Bachrand und beobachte, was dort wächst.

- Wo wird Material angeschwemmt, wo wird es weggegraben?

- Auf welcher Uferseite herrscht das üppigere Wachstum – und warum?

- Welche Tierchen findest du? Welche Pflanzen?

Suche dir einen Teich mit Zu- und Abfluss und beobachte diesen. Suche dir einen Tümpel. Schau dir das Ufer an: Ist es angeknabbert, obwohl weder Zufluss noch Abfluss zu finden sind? Sieh genau hin und überlege dir, warum.

Die besten Hinweise findest du nicht in Gärtnerrezepten. Geh hinaus, sie liegen oft direkt vor deinen Augen.

Ein komplexes Unterfangen, das durchdacht sein will

Natürlich erfordert gerade der Wasserbau ein Mindestmaß an Fachwissen und einige handwerkliche Grundkenntnisse, besonders wenn man bestimmte Absichten verfolgt. Teich ist nun einmal nicht gleich Teich.

- Die Biologie eines stehenden Gewässers ist völlig verschieden von der Biologie eines Fließgewässers. Ein Schwimmteich muss anderen Anforderungen gerecht werden als ein Wasserlinsensuppenteich zur Fisch- oder Hühnerfütterung. Warmes Wasser neigt eher zu Nährstoffüberhang und Algenbildung als kaltes, dafür hat es eine reiche Fauna.

- Die Formgestaltung wird oft vom Grundstück vorgegeben, grundsätzlich ist jedoch alles möglich. Je phantasievoller, desto interessanter.

- Manchmal bestimmen rein praktische Überlegungen das Aussehen. Komplizierte Formen erschweren allerdings den Bau, und sie sind häufig auch eine reine Kopfgeburt.

- Wir sind stets neu überrascht, wie die Natur mit ihren Pflanzen den Weg zu eigenen, einfachen Mustern zurückfindet. Sie verändert dabei trotzdem ständig Gestalt und Aussehen. Die Natur schert sich nicht um Aufmaße und Bautechniken, aber sie reagiert darauf. Ihre Reaktion ist immer richtig. Permakulturfreunde lernen sie zu deuten und zu nutzen. Sie brauchen die Natur nicht zu korrigieren, stattdessen korrigieren sie ihre falschen Ansichten.

Von Natur aus werden wir in den meisten Fällen keine Teiche auf unseren Grundstücken vorfinden. So legen wir sie in der Regel künstlich an, und der Aufwand macht sich auch bezahlt.

Aus technischer Sicht haben wir die Wahl zwischen zwei Verfahren: Wir bauen sie mit natürlichen Dichtungsmaßnahmen oder mit künstlichen.

Es geht auch ohne Teichfolie

1. Der Zulauf zum Teich wird auch ausgebaggert

2. Die Arbeit beaufsichtigen und bewundern

3. Baggerfahrer sind in unseren Augen Künstler

Vorbereitende Arbeiten

Im Idealfall haben wir einen Bach oder einen sonstigen Zufluss, den wir aufstauen können. Vielleicht baggern wir in seiner Nähe einen Teich aus, den wir mit einem Seitenarm speisen, um ihn zu füllen und um Verdunstungs- und Sickerverluste auszugleichen. Ein Überlauf führt das Überwasser entweder über ein offenes Rinnsal in den Bach zurück oder wir nutzen es zur Versorgung eines weiteren Wassergartens.

In jedem Falle verdichten wir die Teichsohle und die Teichwände sorgfältig mit dem Baggerlöffel. Die Bodenzusammensetzung bestimmt die Arbeitstechnik.

Arbeitstechnik

· Bei mittleren bis schweren Böden genügt häufig das kräftige Schlagen mit dem Löffelrücken. Der Teich ist von Anfang an dicht.

· Bei leichteren Böden muss der durchnässte Boden in einem ständigen Wechsel von Rütteln und Schlagen mit dem Baggerlöffel verdichtet werden. Die Feinteile gelangen dadurch in die oberen Bereiche und bilden eine wasserdichte Schicht.

Teichwand

· Bei leichten Böden empfiehlt sich eine flache Teichwand- und Böschungsgestaltung, da sonst ganze Wände ausbrechen und in den Teich rutschen können, weil die Bindekraft des vollgesogenen Bodens zu gering ist.

· Bei mittleren Böden ist eine steilere Teichwandgestaltung möglich. Diese Arbeit verlangt Erfahrung, Bodenkenntnisse, Fingerspitzengefühl und einen geduldigen Baggerfahrer, der Lust am Teichbau hat. Wenn er selbst noch keine Erfahrungen im Naturteichbau gesammelt hat, muss er den Anweisungen des Bauleiters hundertprozentig folgen. Uns sind bis heute meist nicht bloß Baggerfahrer, sondern Virtuosen dieser Megamaschinen begegnet. Dahinter verbergen sich zusätzlich häufig noch feine, lernwillige Menschen mit viel Bodengefühl.

Gelände

- Auf der Ebene oder in flachem Gelände kann dem Umfeld nicht allzu viel passieren, im Gelände jedoch muss auch noch die Kunst des Dammbaus beherrscht werden, damit im Extremfall nicht Damm samt Teich ins Tal donnern und vielleicht sogar noch jemanden unter sich begraben. Dammbau ist Spezialarbeit und will stets sehr sorgfältig und fachkundig ausgeführt werden. Diese Arbeit gehört in die Hand von Fachleuten!

- Schwere Böden am Hang sind unter Umständen für den Teichbau noch risikobehafteter als zu leichte. Sie eignen sich nicht für Teichbauexperimente von permakulturellen Zauberlehrlingen.

Unter welchen Bedingungen sich ein Naturteich empfiehlt

- Du verfügst über einen Hausbrunnen oder ein Bachnutzungsrecht und willst dir einen kleinen Naturteich anlegen?

- Dein Garten ist keine bloße Schotterhalde?

- Keiner deiner Nachbarn muss sich aus Boden- oder Geländegründen vor deinem Vorhaben fürchten?

Schritt für Schritt zum Naturteich

1. Lege dir in deinem Garten die Rohkontur für den zukünftigen Teich-

umriss fest. Entferne den Rasen und die Humusschicht, bis du auf den gewachsenen Boden kommst. Trenne Rasensoden und Erde und lagere sie separat.

2. Schlage am Teichrand Pfähle ein und nimm eine Waaglatte, eine Schlauchwaage oder eine andere Nivelliervorrichtung, um das zukünftige Teichniveau zu ermitteln.

3. Lade Freunde, gute Bekannte und interessierte Gärtnerkollegen zu einem Teichbautag mit anschließendem Grillfest ein. Alle bringen Werkzeug mit, Pickel, Schaufeln, Spaten, Forsthauen, Rechen, Schubkarren, ein paar selbst gefertigte Handrammen zur Verdichtung und vielleicht sogar ein Rüttelstampfer gehören zur Grundausrüstung. Du sorgst vor allem für optimale Verpflegung (Essen und Trinken hält Leib und Seele stets noch am besten zusammen), für Ruhepausen, für eine feine Arbeitsatmosphäre und einen geordneten Arbeitsablauf.

4. Beginnt gemeinsam mit den Aushubarbeiten. Ufer und Buchten, tiefe und flachere Zonen werden modelliert, größere Steine vorläufig entfernt und auf der Seite gelagert.

5. Mit dem Aushubmaterial wird vielleicht ein Hügelbeet um den zukünftigen Sitzplatz am Teich geformt. Jedenfalls verbauen Permakulturgärtner alles Material wieder an Ort und Stelle, soweit das möglich ist.

6. Der Teichgrund ist fertig modelliert und zum Verdichten vorbereitet. Der Teichgrund wird pickel- oder forsthauentief gelockert und gründlich mit Wasser gespritzt.

7. Nun beginnt die Arbeit für den Handrammentrupp oder den Rüttelstampfer. Der Teichboden wird durch gründ-

Verwundungen sind nie schön ...

... doch die Natur heilt schnell ...

... und nach einem halben Jahr ist alles wieder grün

liches Stampfen rundum so gut wie möglich verdichtet. Das ist eine rutschige Angelegenheit, also Vorsicht!

8. Den Einbau eines Überlaufs nicht vergessen: Du verwendest dazu ein Abflussrohr, dessen Dimension der Teichgröße angepasst ist. Es wird seicht (20–30 cm tief) eingegraben, der Teichspiegel über die Verstellung eines Knies geregelt.

9. Steine werden als Gestaltungs- und Wärmeelemente wieder im Teich positioniert, eventuell kommen noch etwas Treibholz oder einige Wurzeln als Ökonischen und Versteckmöglichkeiten für unsere kleinen Teichfreunde dazu.

10. Der Teich wird mit heimischen Arten standortgerecht bepflanzt, es können Samen und Rhizome eingebracht werden, oder er wird überhaupt der Selbstbesiedlung überlassen.

Nun vorsichtig Wasser marsch! Und ein fröhliches Fest und viel Freude mit dem Wassergarten!

› Einige Hinweise fürs gute Gelingen

- Je nach Bodenbeschaffenheit und Temperatur kann es einige Wochen dauern, bis der Teich gänzlich aufklart. Also Geduld!

- Sicker- und Verdunstungsverluste werden bei Brunnenspeisung durch die Zulaufsregelung mittels eines Schwimmers ausgeglichen. Bei Bachzulauf wird er sowieso permanent gespeist und abgeleitet.

- Wenn du dich mit Böden überhaupt nicht auskennst, so lege einen ganz kleinen Probeteich genau nach diesem Verfahren an und beobachte, was passiert. Diese Pfütze zeigt oft schon, was der große Teich kann oder nicht kann.

- Baue den Teich wenn möglich während des zunehmenden Mondes oder mache die Erstbefüllung in dieser Zeit. Erfahrungsgemäß hält er dann das Wasser leichter und die Sickerverluste sind geringer.

- Taste dich an diese Teichbautechnik vorsichtig heran! Naturteichbau ist eher keine Arbeit für Anfänger, da bei mangelnder Fachkenntnis zu leicht Fehler passieren und das Ergebnis dann enttäuscht.

- Grundwasserteiche sind auch Naturteiche. Durch Grundwasseraustritt, anhand der Vegetation oder durch Probegrabungen kann man feststellen, ob sich die Anlage lohnt.

- Gewöhnlich ist der Wasserstand bei solchen Teichen sehr stabil.

- Sie sind leicht und kostengünstig zu errichten.

- Solche Teiche sind jedoch immer genehmigungspflichtig. Also auf alle Fälle eine behördliche Erlaubnis einholen!

Himmelsteiche

Wir können auch Teiche anlegen, die nur von den Niederschlägen und zugeleitetem Oberflächenwasser gespeist werden. Sie werden Himmelsteiche genannt, und ihr Wasserspiegel ist großen jahreszeitlichen Schwankungen unterworfen. Wer sich dafür entscheidet, muss manchmal auch eine Austrocknung in Kauf nehmen. Sie sind trotzdem wertvolle Sonderbiotope.

› Wegweiser

Permakulturgärtner beginnen klein und sammeln Erfahrung. Mit ihrer Erfahrung wächst auch die Größe ihrer Projekte.

Himmelsteiche heißen so, weil sie nur von Regenwasser gespeist werden, doch auch die poetische Bedeutung passt

Folienteiche: Besser als gar nichts

Schwierig wird es dort, wo uns die Natur in unserer Teichbauabsicht einfach nicht entgegenkommen kann oder wo der Standort inmitten einer Siedlung eine hundertprozentige, risikofreie Wassergartenvariante erfordert. Und das ist durchaus häufig der Fall. Hier besteht einzig und allein die Möglichkeit einer künstlichen Abdichtung.

Auf unseren Praxisseminaren beginnt dann auch vielfach eine Grundsatzdiskussion über Sein oder Nichtsein des „Folienteiches". Seit Jahren beobachten wir den lebensmehrenden Einfluss von Teichen auf den Garten. Seit Jahren stellen wir fest, dass die Natur auch Folienteiche mit Haut und Haar erobert, besiedelt, belebt.

Wir am Innergreinhof sind Pragmatiker, zumal auch die Natur stets pragmatisch vorgeht. Stellen wir die ersichtliche Wohlfahrtswirkung der

Ohne Wasser kein Leben

künstlichen Abdichtung gegenüber, so fällt die Entscheidung aus unserer Sicht eindeutig zugunsten der Wohlfahrtswirkung aus. Seit die Kautschukfolie erschwinglich geworden und im Preisvergleich den anderen Folien (PVC, PE) ebenbürtig ist, fällt die Entscheidung sogar noch um einiges leichter.

Ständig zunehmender Artenreichtum und zunehmende Verschmelzung von menschlichen Strukturen mit der Natur sind die Markenzeichen der Permakultur.

❯ Praxistipps: Folienteiche

- Innerhalb der Folien hat die Kautschukfolie eindeutig die beste Gesamtbilanz. Das Material ist umweltfreundlich, extrem reißfest und äußerst lange haltbar. Mittlerweile bekommt man es in den verschiedensten Bahnenbreiten und auf Wunsch sogar in jeder Form zugeschweißt. Kautschukfolie ist überaus wurzelfest und dehnfreudig und eignet sich gerade deshalb für stark durchwurzelte Böden. Folienteiche aus Kautschuk sind für viele Permakulturgärtner einfach ideal, denn sie lassen sich auch von Laien relativ leicht anlegen. Sie können ansprechend und harmonisch in die Umgebung eingebettet werden und sind im Selbstbau relativ kostengünstig.

- Auch hier sollen, wie überall in der Permakultur, Aufwand und Nutzen in einem vernünftigen Verhältnis stehen.

- Generell neigen viele dazu, ihre Teiche zu klein zu bauen. Mit nur wenig Mehraufwand könnte oft die zwei- bis dreifache Wasserfläche erreicht werden. Dies erleichtert die Rand- und Ufergestaltung erheblich und mit den

Flachzonen kann mehr gespielt werden. Die Regenerationsbereiche nehmen mehr Fläche ein und erleichtern dem Wasser die Selbstreinigung.

- Je mehr Wasser im Teich ist, desto komplexer und stabiler ist auch seine Biologie.

Schritt für Schritt zum Folienteich

Es ist dir nicht möglich, einen Naturteich zu bauen, aber du hast Lust auf einen Wassergarten. Veranstalte auch du deine Teichbauparty!

Die Organisation ist die gleiche wie beim Naturteichbau. Der Arbeitsablauf ist etwas anders.

1. Der Teichumriss ist markiert und mit der geplanten Teichtiefe auf die Foliengröße abgestimmt (am Rand mindestens 0,5 m Folienübermaß einrechnen). Das Teichniveau ist festgelegt und markiert. Freunde, Werkzeug und Baumaterialien sind schon da.

2. Der Aushub kann beginnen. Steine, Grobmaterial, Wurzeln werden sorgfältig entfernt.

3. Der Teichgrund wird mit dem Rechen fein gemacht, und nun wird eine Sandschicht als Folienschutz aufgetragen (5–10 cm je nach Feinheit des Teichgrundes). Stattdessen kann auch ein Teichvlies verwendet werden; es ist bei sehr grobem, steinigem Untergrund zu empfehlen (Type 500 g/m²).

4. Die Folie wird vorsichtig verlegt. Falten sind kein Problem, sie werden aber glattgestrichen.

5. An der passenden Stelle wird ein Überlauf vorgesehen, der ideal mit einem Foliendurchlass eingebaut werden kann.

6. Anschließend wird die Folie mit leichten, runden Bachsteinen und rundem Kies bedeckt. Das Ufer gestalten wir ebenfalls mit Steinen, die Pflanzbereiche werden mit einem geeigneten Substrat gefüllt.

7. Anschließend wird der Teich bepflanzt und die überstehende Folie am Rand als Kapillarsperre aufgestellt.

8. Jawohl, es darf gefüllt werden! Ab zur Party, und viel Spaß!

9. Nach ein paar Tagen wird der Folienrand auf 5–7 cm Höhe mit einem Schneidwerkzeug abgeschnitten.

Die Entstehung eines Folienteiches in Bildern

Die laufende Pflege von Teichen

Wassergärten sind in jeder Form leben-
dige Organismen, die sich im Laufe des
Jahres und mit den Jahren verändern.
Gestalt, Fauna und Flora reifen zu
einem ständig neuen Wesen.

Viele Gartenbesitzer glauben, dass
jede Veränderung das Zeichen einer
herannahenden Katastrophe ist. Sie

haben als Ideal ein Bild eines ständig
rinnenden Brunnens im Kopf. Klar, rein,
ungetrübt. Manche sind enttäuscht,
wenn an heißen Sommertagen ein
Grünschleier erscheint oder sich einige
Algen zusammenhorten. Dabei schützt
sich das Wasser selbst und organisiert
gerade seine Reinigung! Üben wir uns
in Geduld und Toleranz und korrigieren
wir unsere Irrbilder. Es ist so, als trügen

wir wohl die Sehnsucht nach Leben in unserem Herzen, stattdessen haben wir jedoch eine Leiche als Symbol dafür in unserem Kopf.

Ein Teich braucht einige Jahre, bis er „erwachsen" ist, und diese Zeit geben wir ihm.

Wasserpflanzen

Wasserpflanzen haben verschiedene Ansprüche. Manche sind in mageren Gewässern zu Hause, andere lieben nährstoffreiche Tümpel. Über die Zusammensetzung der Teichsubstrate gehen die Fachmeinungen weit auseinander.

1. Bei Folienteichen mischen wir die Substrate selbst und bringen sie direkt auf die Abdichtung auf. Als Grundsubstrat verwenden wir einen leicht lehmigen Schotter (0–30 mm).

2. Die einzelnen Pflanzstellen werden je nach Nährstoffbedarf der Pflanzen mit etwas gutem, reifem Kompost verbessert. Wir mischen diesen inselförmig gut ein.

3. Für großen Nährstoffbedarf mischen wir 1 Teil Kompost – 1 Teil Grundsubstrat. Für mittleren Bedarf ein Drittel Kompost – zwei Drittel Grundsubstrat. Für die anspruchslosen genügt das Grundsubstrat.

4. Dann werden die Pflanzen immer in kleineren, gleichartigen Gruppen gepflanzt.

5. Um die Trübung durch Schwebstoffe zu verhindern, decken wir das Teichsubstrat zum Schluss mit einer dünnen Kiesschicht ab.

Wir haben speziell bei Feuchtbiotopen gute Erfahrungen damit, bei Schwimmteichen fahren wir generell eher besser mit Magersubstraten und etwas Tonbeimischung.

- **Großen Nährstoffbedarf** haben z. B. Rohrkolben, Wasserhahnenfuß, Wassernuss, Teichbinse, Seerose, Froschbiss, Seekanne, Tannenwedel, Hornblatt, Wasserlinse.

- **Mittleren Nährstoffbedarf** haben z. B. Pfeilkraut, Kalmus, Wasserpest,

Libellen sind gefährdete Insekten, die sich besonders gerne in der Nähe von Gewässern aufhalten und mit ihrer Schönheit das Auge erfreuen

Laichkraut, Bachbunge, Wasserfeder, Teichmummel.

- **Geringe Ansprüche** stellen die Kleine Teichrose, das Gefärbte Laichkraut, der Igelkolben.

Miniteiche

„Hilfe, ich hab nur eine Terrasse!"
„Oh Gott, ich habe nur einen Balkon!"
Kein Grund zur Verzweiflung, liebe Leser! Als Permakulturisten im „Puppenstadium" lassen wir das Denken in Problemen hinter uns und wenden uns vermehrt dem Denken in Lösungen zu.

Auch du willst deinen kleinen Wassergarten und möchtest der Libelle einen Rastplatz auf ihrem Weg zum nächsten Teich anbieten? Du möchtest dein Privatfeuchtgebiet oder deinen Minisumpf?

Die Lösung dazu liegt näher, als du glaubst. Verschiedene Keller und Speicher, diverse Sperrmüllsammlungen und der eine oder andere örtliche Recyclinghof beherbergen Schätze, die man dort nie vermuten möchte.

- Steintröge;
- alte Kupferkessel;
- alte Holzfässer;
- große, hübsch dekorierte Pflanzgefäße;
- gut erhaltene Badewannen und Duschtassen.

Ein Paradies für kreative Köpfe. Ein paar Bretter, ein Folienrest, ein wenig Silikon, einige Steine, etwas selbst gemischte Teicherde und etliche Sumpf- und Wasserpflanzen verwandeln die verschmähten Zivilisationsreste in attraktive nasse Lebensinseln. Sie erfüllen ihren Zweck noch jahrelang in frischem Glanz und neuer Würde.

▸ Wegweiser

Permakultur verharrt nicht allein bei dem, was ist, sondern lenkt die Aufmerksamkeit auf das, was daraus werden kann. Weniger verbrauchen, wiederverwenden, wiederherstellen, wiederverwerten – das ist, wir können es nicht oft genug sagen, Permakultur.

Mit einigen Tricks lassen sich in einem künstlich angelegten See unterschiedliche Wassertiefen erzeugen, was sich positiv auf das gesamte Ökosystem auswirkt

◆ Sonne in den Garten – Wärme behalten

In diesem Kapitel erfährst du, ...

... warum du lernen solltest, die
Wärme der Sonne im Garten ein-
zufangen, und dies nicht selbstverständlich ist.

... wie du den Boden vor dem Ausküh-
len bewahrst.

... dass Permakultur auch das An-
pflanzen exotischer Pflanzen ermöglicht und auf diese Weise viele unnötige Wege gespart werden können.

... wie du eine Kräuterspirale oder
viel phantasievollere Gebilde richtig
anlegst.

... wie im Garten zum Schutz der
Pflanzen nicht nur Wärme gespei-
chert, sondern auch Wind abgehal-
ten werden kann.

... was beim Bau eines Gewächshauses
zu bedenken ist.

Der Kälte trotzen

Wenn die Tage kürzer werden, das letzte Laub von den Bäumen fällt und der raue Herbstwind um unseren Hof pfeift, spüren wir am Innergreinhof: Es kommt die kalte Zeit.

Vorbereitungen auf den Winter

Die Winterfenster sind schon eingehängt. Der Brennholzstapel ist groß genug. Das Heu für das Vieh reicht gewiss bis zum Frühjahr und es bleibt auch genug an Mulchmaterial. Keller und Speisekammer sind gefüllt mit köstlichen Schätzen. Noch einmal das Dach und ein paar „Windlöcher" kontrollieren. Alle Jahre wiederholt sich das gleiche Ritual. Nun kann der Winter kommen.

Unser Hof liegt auf einem Nordhang. Außer Lauch, etwas Grünkohl, Zuckerhut, Endiviensalat und Sprossenkohl gibt es heuer nichts mehr zu ernten. Die nächste Ernte der frühesten Wildkräuter und des ersten Feldsalats beginnt bei uns erst sechs Monate später.

Die Sonne festhalten

Obwohl bei uns das ganze Jahr über die Sonne scheint, saugen wir und unsere Tiere die letzten warmen Herbststrahlen besonders gründlich auf.

Wir merken, dass ihre Kraft deutlich nachlässt. Die Sonne ist in den Alpen ein ausnehmend kostbares Gut und jeder warme Tag ein willkommenes Geschenk. Neben einem fruchtbaren Boden und genügend Wasser bestimmt sie ganz entscheidend mit, was hier oben wachsen kann.

Alle hundert Höhenmeter sinkt die Durchschnittstemperatur um ein Grad Celsius. Das klingt nach wenig, bedeutet für die Vegetation allerdings sehr viel. Daher macht es sogar besonders Sinn, wenn wir versuchen, die Wärme zu speichern. Wir halten sie fest, so gut wir können.

Im Herbst wird die Ernte in den Keller eingelagert, um uns den ganzen Winter über mit Nährstoffen zu versorgen

Diese Solarküche demonstriert hervorragend, welche Kraft die Sonne hat – und dass es Verschwendung wäre, sie nicht einzusetzen

Steine und Mauern als Kachelöfen

Allzeit wurden Grundbesitzer mit steinigen Böden bedauert. Für Menschen, die auf einer reinen Schutthalde ihr Dasein fristen sollen, mag es zutreffen. Für jene, die an traditionellen Arbeits- und Anbaumethoden hängen, ebenfalls.
Permakulturgärtner freuen sich eher darüber. Ein steiniger Boden ist in einer rauen Lage kein Unglück. Mancher vordergründige Nachteil verwandelt sich nach einigen Tagen des Nachdenkens in einen nachhaltig nutzbaren Vorteil.

Nur einige Ideen

Steiniger Boden wird schneller warm und hält die Wärme länger. Sind gleichzeitig noch genug gute Erde und Wasser vorhanden, arbeitet das Bodenleben fleißig Tag und Nacht und erlaubt den Anbau wärmeverliebter Pflanzenkinder. Auch können Steine sich als Materialquelle für unsere Natursteinmauern,

Kräutergärten und Trockenbiotope entpuppen.

Wie wäre es mit einem Steinhaufen für die Igel- oder Ringelnatterwohnung und einem weiteren als Versteck für die Erdkröte, umpflanzt mit Tomaten, Gurken, Kürbissen, Zucchini etc.? Oder mit Steinen als wärmendem und gleichzeitig feuchtigkeitsspendendem Mulch (Stichwort Kondensation) am Fuß eines Pfirsichs in alpiner Lage?

Das Problem ist die Lösung, so lautet eine Permakulturredewendung!

Zitrusfrucht- und Bananenzuchtexperimente sind gut für einmalige Showeffekte, gärtnerisch befriedigen werden sie uns im hochalpinen Raum wohl kaum.

Was machen wir mit Findlingen?

- Sind sie so groß, dass wir sie nicht bewegen können, spielt das keine Rolle. Geputzt und freigestellt nehmen sie die Wärme optimal auf und strahlen sie an ihre Umgebung ab. Je größer, desto weiter. Je dunkler, desto intensiver. Je dichter (Granit), desto länger. Sie wirken wie ein Kachelofen in der Landschaft!

- Die mittleren und kleineren verbleiben sowieso im Boden, sie sind die „Handwärmer" und stellen in der Permakulturgestaltung kein Problem dar. Bevor wir unnötig Steine rücken, reagieren wir einfach mit passender Bepflanzung zu ihren Seiten. Mit einem üblichen Heurechen kann man die Feinplanie für das kleine Stück Spielrasen der Kinder herstellen. Das reicht vollkommen, funktioniert wunderbar und der Boden bleibt warm.

Steininseln

Ein Boden ohne Stein ist ein kalter Boden, speziell bei uns im Alpenraum!

Mauern sind nicht nur Befestigungen,
sondern auch hervorragende Wärmespeicher

Auch Steine heizen sich auf,
was für den Garten von Vorteil sein kann

In Oberlienz gibt es eine wunderbare Feldflur. Die Gemeinde liegt auf einem Schuttkegel. Über die Jahrhunderte haben die Bauern ihre Felder zum Zweck der besseren Bewirtschaftung von den groben Steinen befreit und diese am Feldrand in Walmen abgelegt oder zu Mauern aufgeschlichtet.

Eine eigene Flora und Fauna hat sich auf den Steininseln breitgemacht. Die Felder selbst haben alle ihr eigenes Mikroklima. Permakulturell gesehen sind es Kraterbeete mit Zusatzheizung und Windgürtel.

Leider sind viele der landwirtschaftlichen Mechanisierung zum Opfer gefallen. Gerade solche Feldfluren eignen sich zum Forschen und Erspüren dieser Mikroklimaphänomene.

› Wegweiser

Schau dir deine Umgebung gut an. Es ist intelligent und kraftsparend, wenn du deine Pläne und Gestaltungsabsichten mit den natürlichen Gegebenheiten verbindest und öfters hinterfragst.

Nachdenken braucht immer ein wenig Zeit. Fehler beseitigen dauert meistens viel länger und kostet zusätzlich noch Geld.

Behalte die Mitwelt, den Nutzen, den Energieeinsatz im Auge. Gestalte trotzdem ästhetisch.

Die besten Lösungen für deine Freiraumgestaltung findest du in keinem Buch und bei keinem Permaguru, sie liegen direkt vor deiner Nase.

Lass dich nicht vorschnell von gärtnerischen Hochglanzmagazinen mit ihren digital aufgemotzten Gartengemälden blenden. Es sind mühevoll inszenierte, unverdauliche Momentaufnahmen. Ihre Aufbereitung nimmt mehr Zeit in Anspruch als die Jahrespflege unserer gesamten essbaren Landschaft am Innergreinhof.

Die Ordentlichkeit des Menschen hat mit der Ordnung der Natur wenig gemeinsam.

Landschaft ist immer auch Brot. Ganzheitlich nähren und ganzheitlich zehren, das ist Permakultur.

Selbst die sonnenhungrigen Pfirsiche lassen sich in alpinen Lagen ernten, wenn ihnen mit gärtnerischem Geschick genügend Sonne geschenkt wird

Spezialgärten für Wärmeliebhaber

Die Globalisierung ist ein überstrapaziertes Schlagwort unserer Zeit.
Begreiflicherweise werden mittlerweile damit schrankenloser Welthandel, demonstrierende Menschen, neuzeitliche Völkerwanderungsbewegungen, Konferenzen einiger weniger Machtmonopolisten und wirtschaftliche Ungerechtigkeit in Verbindung gebracht. Dabei ist sie ein uraltes Phänomen, immerzu begleitet von genau diesem bitteren Beigeschmack, doch ferner mit gänzlich anderen Auswirkungen. Unsere Landschaft ist Zeuge.

Weltkultur und Permakultur: Kein Widerspruch

Die Siedlungsformen unserer Städte und Dörfer sind Erbe ursprünglicher Völker. Die verschiedenen Kulturpflanzen sind blühende und fruchtende Hinterlassenschaften einzelner „Völkerwanderungen". Die unterschiedlichen Gartenformen – inklusive der dazu gehörenden Arbeitstechniken – sind teilweise überliefertes Kulturgut des einfachen Volkes oder Ergebnis der Bildungsversuche von Klöstern und Herrscherhäusern.

Wie reich sind unsere Tische doch mittlerweile gedeckt, wie vielfältig in

Formen, Farben und Geschmack! Und viel davon kann vor der Haustür wachsen.

Selbst in der rauesten Alpengegend lässt sich mediterranes Flair in die Küche bringen, durch die gekonnte Kombination bodenständiger Gemüse- und Fleischgerichte mit den selbstgezogenen Gewürzen des Südens.

An mancher Südwand rankt die Traube als Überbleibsel römischer Anwesenheit. Kartoffel, Mais, Kürbis, Tomate sind Mitbringsel von Christoph Kolumbus. Der Pfirsich stammt aus Persien und wächst ebenso vor der Innergreinhofer Haustür.

Auch unser eigener Haustee ist bunter als die bestsortierte Farbstiftschachtel und ein internationaler Pflanzenmix. Auf seiner Reise vom Ursprung in unserem Garten bis zur Tasse am warmen Stubenofen hat er mit allen Arbeitsschritten einen Weg von gerade maximal 500 Schritten hinter sich. Es ist ein absoluter „Fußgängertee".

Das ist wohlschmeckende Weltkultur und angewandte Permakultur.

Die Beispiele lassen sich beliebig fortsetzen und wir am Innergreinhof lieben diese Art der Globalisierung, wenn sie zusätzlich noch von Frieden und Gerechtigkeit getragen wird.

Die Pflanzen haben trotzdem ihre ursprüngliche Heimat keineswegs vergessen. Sie erinnern sich allzeit an die Sonne ihres Herkunftslandes und schätzen eine wohlig warme Stube im Freien.

Vorschläge für eine etwas andere Kräuterspirale

Die Kräuterspirale ist zum Symbol dieser Stube geworden. Sie ist zusätzlich Sinnbild des Lebens und des Kosmos. Mit einem Teich zu ihren Füßen vereinigt sie die klimaausgleichende Wirkung des Meeres mit der Wärme mediterraner Felsen auf kleinstem Raum.

Sie erlebt derzeit einen solchen Boom, dass man sich wegen der Häufigkeit sehr schnell sattsieht, und ist der beste Beweis dafür, dass Menschen eher nur kopieren und nicht kapieren. Wir sind schon zufrieden, wenn sich nicht

Ein farbenprächtiges Potpourri soll jeder Garten sein. Ob aus einheimischen oder weiter gereisten Pflanzen, sei jedem selbst überlassen, solange auf Umweltverträglichkeit geachtet wird

langfristig die Jünger der rechtsdrehenden mit der Glaubensgemeinschaft der linksdrehenden in die Haare geraten.

- Befreie dich von den zeitgeistigen Gestaltungsmustern, spüre deiner eigenen Form nach.

- Warum nicht einmal eine Pyramide, eine Zikkurat, ein eingefasstes, geschwungenes Beet mit aufsteigender Steinschleife, einen Steingarten mit Kräutern?

- Eine Natursteinmauer mit Küchenkräuterkrone?

- Einen stilisierten Baum, dessen Wurzelarme, Stamm und Äste dich mit einem Steinplattenbelag zu den einzelnen Gemüsearten führen und dessen Kronendach in einem mit Steinen gestalteten Kräutersaum endet?

- Oder eine Viertelsonne mit strahlenförmigen Beeten, die auf einen Sonnenblumenkern zulaufen?

- Warum nicht ein Beet an der sonnigen Küchenmauer, wo die Mauer den Ofen ausmacht?

- Warum nicht einen Kräutergarten kombiniert mit einem indianischen Medizinrad?

- Oder die Grundstruktur eines Klostergartens?

- Oder eine zweiseitige Trockenmauer mit Erdkern, deren auslaufender Teil am Grillplatz endet und als Stellplatz und Arbeitsfläche dient?

Eine Alternative zur längst „trendigen" Kräuterspirale: die Kräuterzikkurat.
Der persönlichen Phantasie sind jedoch keine Grenzen gesetzt, finde deine eigene Form!

Brombeeren sind Sonnenkinder und müssen in einer Sonnenfalle entsprechend platziert werden, damit sie reife, süße Früchte zeitigen

Welche Kräuter an welcher Stelle?

Es gibt unendlich viele Möglichkeiten, um Nutzen, Spiritualität und Ästhetik zu vereinen, und ebenso viele als Chance des Mehrfachnutzens. Das Entscheidende ist doch, dass alle Kräuter ihre bevorzugten Standortbedingungen vorfinden.

Bereite den Boden für jedes Kräutlein optimal auf, ihr Äußeres führt deine Hand.

- Sollten krautige, mastige dabei sein, gehören sie in die Nähe der kleinen Wasserstelle, die du in deinem Kräutergärtchen vorgesehen hast. Sie brauchen einen frischen Boden (Kompost, gute Erde, Wasser) und profitieren vom ständig aufsteigenden „Dunstschleier" des Wassers.

- Salbei, Quendel, Rosmarin kommen mit der Hitze gut zurecht (ledrige Blätter, kleine Blätter, nadelförmige Blätter). Sie lieben einen leichten, aber trotzdem gut versorgten Boden in der Nähe warmer Steine.

- Majoran, Oregano, Basilikum liegen dazwischen.

› Wegweiser

Mittlerweile dürften dir diese gedanklichen Querverbindungen leichtfallen.

Verleg dich aber bitte nicht nur auf eine „Kräutermonokultur", du weißt ja inzwischen, wie gerne Kräuter mit Gemüse und Bäumen zusammenleben.

Naturenergien verstehen und phantasievoll nutzen, das ist Permakultur.

Sonnenfallen und Windbremsen

Neben den Kraterbeeten, Steinen, Trocken-mauern und Hauswänden können wir auch mit Pflanzen Fangvorrichtungen für die Wärme in unsere Landschaften und Gärten einbauen. Dafür nehmen wir uns erneut den Aufbau eines natürlichen Waldrandes zum Vorbild.

Die Wirkungsweise des Waldrands

Jeder gesunde Wald schützt sich vor widrigen Einflüssen von außen, indem er einen Schutzmantel wachsen lässt, der sich in unseren Breitengraden vom Boden bis auf eine Höhe von 30 m erhebt.

Stürmische Winde werden abge-bremst und umgelenkt, Feuchtigkeit und Wärme werden sanft durch die Bäume gedrückt und legen sich dort ab, um ihren Weg im Wärme- und Wasserkreislauf fortzusetzen. Extreme von Frost und Licht werden vom Boden ferngehalten. In unseren Breiten wirken die satten, grünen Baumkronen durch die Lichtabsorption wie riesige Heiz-körper in der Landschaft, während der innere Vorgang der Photosynthese für den Treibstoff sorgt, der den Motor des Lebens antreibt.

Das haben wir mittlerweile ja alles durch unsere kleinen Beobachtungs-ausflüge in der Natur kennen gelernt und auch verstanden.

Die Natur hat immer Recht. Also nut-zen wir doch ihre über Jahrmillionen bewährten, intelligenten Organisations-muster.

> **Praxistipp:**
> **Der Bau einer Sonnenfalle**

Bau dir deinen Waldrand mit Nutz-pflanzen deines Bedarfs und schaffe dir warme, geschützte Innenzonen für den Anbau deiner Wunschkulturen.

Eine solche Sonnenfalle könnte bei uns im landwirtschaftlichen Bereich folgendermaßen aussehen:

- Ein bogenförmig zur Sonne geöffne-ter Pflanzensaum soll das Licht und die Wärme einfangen.

Der Teich ist eine wunderbare Sonnenfalle, der Sträuchersaum im Rücken dient als Windbremse

- Den Kern des Saums bilden mächtige, robuste Obstbäume oder wirtschaftlich begehrte Laubholzarten.

- Um den Kern scharen sich große Wildobststräucher wie Felsenbirne, Schlehdorn, Holunder, Vogelbeere etc. und kleinere Obstbäume. Die widerstandsfähigen an der Außenseite, die empfindlicheren im Innenbogen. Dazu gesellen sich allerlei Beerenobstarten. Johannisbeeren, Apfelbeeren etc. kommen noch gut im Halbschatten zurecht, während Dirndlstrauch, Himbeeren und Brombeeren Sonnenkinder sind. Warum nicht eine Bayernkiwi hochranken lassen? Oder Hopfen fürs selbstgebraute Bier?

- Den Kräutersaum bilden außen Wildpflanzen, wie Bärlauch als Pestogrundlage oder Waldgeißbart als Wildspargel etc.

- Am Innensaum bahnen sich die Ranken verschiedener Kürbisarten ihren Weg.

- Ein grasbewachsener Fahrweg trennt sie vom innen liegenden Hirseacker oder den Gemüsefeldern.

Im Hausgarten nimmt unsere Sonnenfalle kleinere Ausmaße an.

Beachte bitte, dass auch dein Gartennachbar ein Recht auf Sonne in seinem Garten hat, und setze ihn durch deine Pflanzaktionen nicht in den Schatten. Gegenseitige Rücksichtnahme fördert den nachbarlichen Frieden. Erlaube ihm, den pflanzlichen Überhang für sich zu nutzen, Großzügigkeit schafft oft neue Freundschaften.

Ein Beispiel für den Hausgarten

Eine Reihe Obstbäume, als Spindelbusch gezogen und als Spalier geformt, bilden die Hauptwand. Davor scharen sich Erbsen oder Bohnen und Beinwell sowie Kräuter als ideale Begleiter der Obstbäumchen. Diese Wand hält die Wärme im Garten und hindert den Wind am Durchpfeifen. Davor befinden sich deine Wunschgemüsesorten.

› Wegweiser

Es gibt unzählige Variationen für dieses Prinzip – erfinde deine eigene. Hänge nicht zu sehr an den Lippen Vortragender, klebe nicht zu sehr an geschriebenen Rezepten! Lehne sie eines Tages wie Krücken an eine Wand, finde eigene Wege und gehe vertrauensvoll mit deinen eigenen Beinen. Das ist Permakultur.

Eine Steinsonnenfalle

Unter Glas und Folie

Wie der Innergreinhof, so liegen viele Höfe und Gärten in klimatisch nicht unbedingt verwöhnten Gegenden. Da überkommt einen manchmal durchaus die Sehnsucht, die Vegetationszeit etwas zu verlängern.

Der Traum vom Gewächshaus

Ohne Vorratswirtschaft ist die Eigenversorgung bei uns grundsätzlich nicht möglich, saisonales Essen ist sowieso Selbstverständlichkeit. Die Kühltruhe ist gerade in den Alpen neben anderen Konservierungsverfahren für Selbstversorger eine begnadete Erfindung. Doch das beste Konservierungsverfahren kommt im Inhalt und im Geschmack nicht an das frisch geerntete Gemüse heran.

Verfrühungsvlies, Loch- und Schlitzfolien, Frühbeete, Folientunnels und Glashäuser bieten die Möglichkeit, die Saison bedeutend zu verlängern. Der Traum vom Gewächshaus lässt sich mittlerweile in vielfältiger Form verwirklichen. Geschickte Heimwerker bauen sich ihre Frühbeete, Folientunnels und Glashäuser selbst.

Ausgereifte Fertigmodelle oder Selbstbausätze sind eine andere Möglichkeit, die der Handel zahlreich und in allen Preisklassen anbietet.

Damit steht der eigenen Pflanzenanzucht und einer sowohl sehr frühen als auch einer sehr späten Ernte nichts im Wege.

Je kleiner ein Garten ist, desto besser wird er durch die Verwendung von Vlies, Folie oder Glas ausgenutzt. Bei kluger Planung sind ohne weiteres drei Ernten im Jahr erreichbar. Während vliesbedeckte Beete in den Gärten kaum auffallen, sind Folientunnels und Gewächshäuser kaum zu übersehen.

Bitte mitbedenken

Bei der Umsetzung des eigenen „Klimahauses" beziehen wir wie gewohnt verschiedenste Überlegungen mit ein:

Gewächshäuser können sich harmonisch in den Garten einfügen und sorgen für eine Verlängerung der Ernteperiode

- Aufwand – Ertrag
- Ökobilanz
- Energiebilanz
- Wiederverwendbarkeit – Wiederverwertbarkeit der Baumaterialien
- Mehrfachnutzen: Kombinationsmöglichkeit mit anderen Strukturen wie einer Hauswand oder einer Natursteinmauer als Wärmespeicher, als Aufsatz auf einem Hochbeet (Wärme von innen und von außen) etc.

> **Praxistipps: Gewächshäuser**

Nutzung der Sonnenkraft

Jedes Gewächshaus ist ein Solargewächshaus. Es fängt Sonne und Wärme ein und hält sie fest. Schon mit einem Kalthaus erreicht man erstaunliche Ergebnisse, denn die Verwendung von Isolierglas oder mehrfachen Stegplatten in Kombination

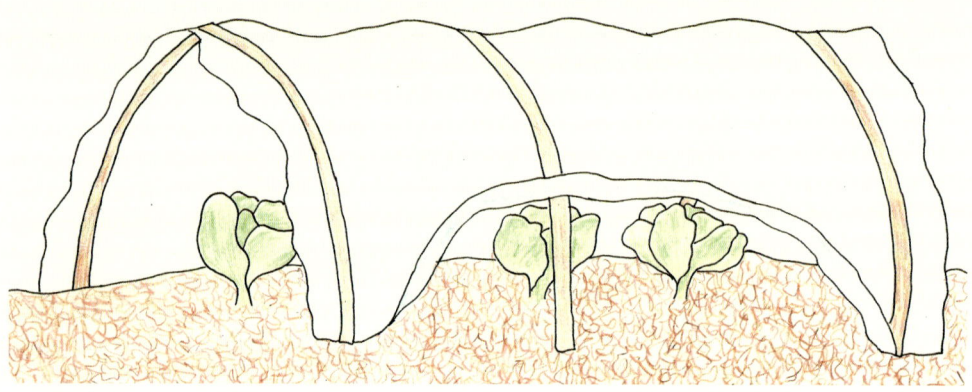

Skizze eines Weidensteckenfolientunnels

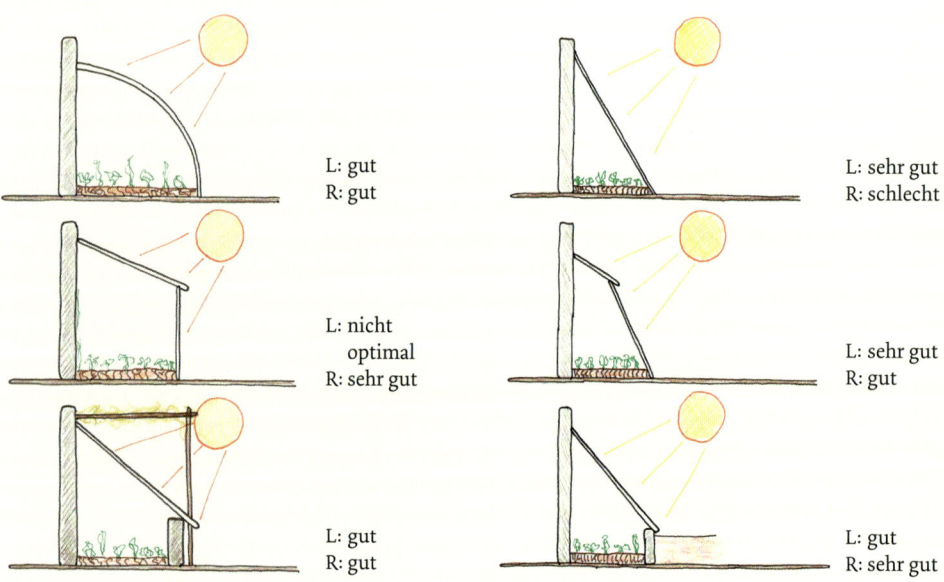

L: gut
R: gut

L: sehr gut
R: schlecht

L: nicht optimal
R: sehr gut

L: sehr gut
R: gut

L: gut
R: gut

L: gut
R: sehr gut

Verhältnis Rausmausnutzung / Lichtausnutzung bei verschiedenen Glashaustypen; L = Licht, R = Raum

mit dunklem, massivem Mauerwerk als Wärmespeicher machen eine Zusatzheizung meist überflüssig. Wärmeisolierende Fundamente unterstützen zusätzlich die Wärmeleistung.

Auch ein Kompostmeiler an der gemauerten Rückwand eines Glashauses kann die Zusatzfunktion eines „Dauerbrandofens" übernehmen.

Standort

Der Standort des Gewächshauses beeinflusst wesentlich seine Leistung.

- Anlehngewächshäuser oder gar in die Gebäudemasse eingelassene Glashäuser sind besser als freistehende.
- Eine südöstliche Ausrichtung ist besser als eine westliche. Dem Lichtverlust durch nicht ideale Ausrichtung muss die Wärmespeicherung durch die Baumasse gegenübergestellt werden.
- Der Neigungswinkel der Glaswand beeinflusst sowohl das Raumangebot als auch den Lichteinfall.

Es gibt viel zu bedenken, und außerdem sind auch noch baurechtliche Vorschriften zu beachten!

Fragen zu Bewässerung und Belüftung

Die Bewässerung und die Belüftung sind zwei sensible Aufgaben der Glashausgärtnerei.

- Wer erledigt diese Arbeit auf welche Art und Weise?
- Wie kannst du den Raum effektiv nutzen, wie gestaltest du Stellflächen?

Suche einfache, praktische Lösungen. Schau dir Kleingewächshäuser in deiner Gegend an, lass dir von den „Glashausgärtnern" deiner Nachbarschaft helfen. Auch hier gibt es wahre Erfindertalente.

Vergleiche Art und Menge der hineingesteckten Energie mit der Energie, die durch die Maßnahme herauskommt!

> **Wegweiser**

Energie ist Kernthema in der Permakultur. Es soll mehr herauskommen, als hineingesteckt wird, die Energieform soll erneuerbar und umweltfreundlich sein.

Gute Planung ist alles im Gewächshaus: den Raum optimal ausnutzen, die Frage der Bewässerung möglichst einfach klären, geeignete Gefäße aussuchen, kluges Samenmanagement betreiben ...

◆ Apotheke für den Garten

In diesem Kapitel erfährst du, …

… *dass sowohl das Leben als auch der Tod Teil permakulturellen Denkens sind.*

… *warum die Welt uns an ein System aus Wippschaukeln erinnert.*

… *dass nicht nur die Dosis das Gift macht, sondern schon die Grundzusammensetzung.*

… *wie Jauchen und Kraftbrühen so hergestellt werden, dass die Geruchsbelästigung möglichst gering bleibt.*

… *zahlreiche Rezepte für Auszüge und Tees gegen unterschiedlichste Pflanzenkrankheiten.*

Gartengesundheit

Seit es die Erde gibt, hat sie ihr Antlitz ständig verändert. Arten kommen und gehen, manche können sich über lange Zeiträume halten, andere verabschieden sich schon nach einem kurzen Auftritt. Es spielt keine besondere Rolle, ob man zu den Pflanzen oder zu den Tieren zählt, das Überleben ist eine Kunst.

Leben und Tod in Balance und Ungleichgewicht

Überleben ist nichts weiter als die Fähigkeit, unter möglicherweise tödlichen Bedingungen am Leben zu bleiben. Dieses Überleben hängt von den wesentlichen Faktoren Energie, erblicher Veranlagung, Platz, Wasser, einigen unverzichtbaren Elementen, der Temperatur und der Zeit ab. Ein Zuviel oder ein Zuwenig schon eines einzigen dieser Faktoren führt zur Krankheit oder ist bereits tödlich. Weiters sind alle Lebewesen dieser Erde durch ein verborgenes Beziehungsgeflecht miteinander verbunden, nichts ist überflüssig oder zwecklos, auch wenn sich der Sinn ihres Daseins manchmal unserem Verständnis entzieht.

Damit dieses Netz erhalten bleiben kann, verschieben sich innerhalb des Gewebes die Gleichgewichte immerzu geringfügig. Es ist wie ein Spielplatz voll mit Kindern, die permanent auf Wippschaukeln wippen. Diese einzelnen Schaukeln sind ihrerseits wieder Bestandteil größerer Wippschaukeln, ein unendliches Gebilde, wie ein hoch komplexes und fein abgestimmtes Mobile. Das Lebensgleichgewicht ist nicht statisch, es ist jederzeit in Bewegung und die Größe des Mobiles wächst mit jeder einzelnen Auf- und Abwärtsbewegung jeder einzelnen Wippe.

Rosen sind anfällig für Schädlinge, doch wir vertrauen auf andere Wege als die Pestizidkeule, um für ihre Gesundheit zu sorgen

Das ist stark vereinfacht das ganze Geheimnis der Evolution des Kosmos und seiner innewohnenden Ordnung.

Fällt ein Kind von einer Schaukel, so bleibt eine Wippe stehen. Dadurch gerät das ganze System langfristig ins Trudeln und damit in Schwierigkeiten. Es bleibt vielleicht noch durchaus lange in Bewegung, aber es beginnt immer stärker zu eiern.

Harmonie in der Natur ist das ausbalancierte Größenverhältnis der einzelnen Arten. Jede gewinnt in gewissen Abständen kurz die Oberhand, um dann wieder einer anderen für einen ebenso kurzen Zeitraum eine „Verschnaufpause" zu gewähren. Geburt und Tod halten das Leben in Bewegung.

Es dreht sich hier weder um Katastrophen noch um Kriege. Nur unsere menschliche Angst vor dem Tod verzerrt das Bild dieser Lebenswahrheit. Wir empfinden das vielleicht als die Schattenseite Gottes. Sie gehört untrennbar zum Leben und will auch geliebt sein.

› Wegweiser

Aufmerksame Beobachter kennen diese Faktoren. Zu Fachleuten werden sie, wenn sie auch noch um die nötigen Mengen der Faktoren wissen. Permakulturleute kennen nicht nur die Rezepte, sie finden auch die richtige Dosis!

Permakultur lässt der Natur bestmöglich ihren freien Lauf. Die meisten Permakulturleute sind nicht herumziehende Nomaden, die sich von gesammelten Wurzeln und Früchten ernähren. Sie bewirtschaften rücksichtsvoll Felder und Gärten, um ihre Familien gesund zu ernähren, arbeiten fleißig und freuen sich über eine reiche Ernte.

Sie kennen diese Lebenszusammenhänge und vermeiden gewaltsame Rundumschläge mit jeglichen Keulen.

Das Märchen vom „Pflanzenschutz"

„Pflanzenschutz" ist sowieso eine verlogene Wortschöpfung, da es meist keineswegs um den Schutz der Pflanze geht. Vielmehr geht es um den Erhalt ihres wirtschaftlichen Nutzwertes für uns Menschen. Viele Spritzmittel sind naturfremde chemische Verbindungen, an denen sich die Natur sprichwörtlich die Zähne ausbeißt, die sie nicht mehr loswird und in vielerlei Weise als Zeitbombe mit sich herumschleppt.

Noch schlimmer sind die „Schutzmechanismen" über die Genmanipulation. Es handelt sich hier nicht um freiwillige, natürliche Pflanzenzellenveränderungen, sondern um agroindustrielle Zombies.

▸ Wegweiser

In der Permakultur vertrauen wir auf das so genannte natürliche Gleichgewicht. Ein gesunder Boden sorgt für gesunde Pflanzen.

Wir unterstützen die natürlichen Wechselbeziehungen, schützen Nützlinge, pflanzen vielseitige Pflanzengemeinschaften und betreiben eine natürliche Gartenpflege.

Vorbeugen ist immer besser als heilen. Permakulturleute agieren vorbeugend bio-logisch, bei Schwierigkeiten sanft, indem sie die richtigen Stoffe zusammenführen. Der Gärtner verbindet – die Natur heilt.

Unsere Strategie

Beim Auftritt ungebetener kleiner Gäste (im menschlichen Sinn) üben wir uns möglichst in Zurückhaltung und betreiben höchstens eine verhaltene Abwehr. Aber wir führen niemals Kriege.

- Zuallererst verlassen wir uns auf die Unterstützung unserer tierischen Bundesgenossen aller Art, für die wir ja schon genügend Lebensnischen gebaut haben (Igel, Maulwurf, Spitzmaus, zahlreiche Vögel, Frösche, Kröten, Eidechsen, Blindschleichen, Ringelnattern, Florfliegen, Schwebfliegen, Laufkäfer, Marienkäfer, Ohrwürmer, Schlupfwespen, Spinnenarten, Raubwanzen, Raubmilben).

- Können auch sie nicht helfen, so wenden wir uns vertrauensvoll an das Pflanzenreich. Jeder Permakulturgärtner sollte wenigstens ein paar der „grünen Ärzte" kennen. Sie sind oft wirklich gute Gartenheilpraktiker und verlangen weder Krankenschein noch Privatversicherung. Auch braucht man kein Medizinstudium und kein Speziallabor. Lästige Gäste und Pilzkrankheiten bekommt man auf sanfte Art und Weise wieder unter Kontrolle.

Im Frieden und Einklang mit der Natur, so versuchen wir jedes auftretende Problem zu lösen

Jauchen und Kraftbrühen

Pflanzenjauchen sind in Wasser vergorene Pflanzenteile, frische oder getrocknete. Sie dienen hauptsächlich als Dünger und gleichen Nährstoffstress aus. Unter Kraftbrühen verstehen wir Ansätze, die aufgekocht werden.

Herstellung von Pflanzenjauche

- Da Pflanzenjauchen mit Metall ungünstig reagieren, werden sie nur in Holz- oder Plastikgefäßen angesetzt.

- Regenwasser oder abgestandenes Wasser eignet sich zu ihrer Herstellung besser als Leitungswasser.

- Als Faustregel kannst du dir folgende Mengen einprägen: Auf 10 Liter Wasser nimmst du entweder 1 Kilogramm frische Pflanzen oder ca. 150 Gramm getrocknete.

- Gib die gewünschte Menge Pflanzen in das Fass und bedecke sie gut mit Wasser.

- Bedecke das Fass mit einem Netz (Holzrahmen mit altem Store), damit genügend Luft zur Jauche kann, aber keine Tierchen hineinfallen können.

- An einem sonnigen Platz unter täglichem Umrühren reift der Mix nach ca. 2 Wochen zu einem fertigen Zaubertrank heran.

- Sie schäumt nicht mehr, hat sich dunkel gefärbt und kann mit einem Deckel verschlossen werden.

- Verbrauche sie je nach Bedarf.

- Zum Verjauchen eignen sich Brennnesseln, Wermut, Schachtelhalm, Rainfarn, Schnittlauch, Löwenzahn, Zwiebeln.

- Pflanzenjauchen werden immer 1:10 verdünnt direkt zu den Wurzeln gegossen.

Neben Brennnesseln, Wermut, Schachtelhalm, Rainfarn, Schnittlauch und Zwiebeln eignet sich auch der Löwenzahn zum Verjauchen und für die Herstellung von Kraftbrühen

Kürbisse sind Gurkengewächse und Starkzehrer, die insbesondere Sonne und Feuchtigkeit,
aber auch Schutz vor Schnecken und Mehltau brauchen, damit sie so prächtig gedeihen

Ansätze mit trockenem Kraut

- Wenn wir am Hof Jauchen ansetzen,
nehmen wir lieber das getrocknete
Kraut, weil bei der Verjauchung des
trockenen Krautes der unangenehme
Geruch des Vergärungsvorganges
weitestgehend ausbleibt.

- Wir geben das getrocknete Kraut in
einen Beutel, den wir beschweren, und
gießen mit dem „tatarischen" Gieß-
wasser auf.

- Die Wirkung ist dieselbe wie mit frischem Kraut, jedoch bleiben du und
deine Nachbarn vom Jauchegestank
verschont. Auch solche Kleinigkeiten
fördern speziell in Kleingartensied-
lungen und in Stadtgärten die nach-
barschaftlichen Beziehungen.

- Wenn die Jauche in stärkerer Kon-
zentration verspritzt oder versprüht
werden muss, ist es einfacher, die
Jauche sprühfähig zu machen, da
keine groben Pflanzenteile dabei sind.

- Wir mischen auch gerne die Steiner-
schen Kompostpräparatepflanzen dazu
(Schafgarbe, Kamille, Löwenzahn,
Eichenrinde, Brennnessel, Baldrian).

Kräuterbrühen

- Bei der Herstellung von Brühen werden die Pflanzen 24 Stunden in Regenwasser oder in abgestandenem Wasser
im richtigen Verhältnis eingeweicht.

- Danach wird die Brühe aufgekocht
und 1/2–1 Stunde bei kleiner Flamme
leise weitergeköchelt. Nach dem
Abkühlen die Brühe sieben und nach
Bedarf verdünnt verwenden.

- Rainfarn, Schachtelhalm, Löwenzahn,
Wermut, Farnkraut sind solche Brüh-
kräuter.

› Wegweiser

Permakulturgärtner akzeptieren Rück-
meldungen der Natur und ändern ihre
Arbeitsweise.

Auszüge und Tees

*Der Auszug spielt vor allem bei der Brenn-
nessel eine Rolle, wenn sie zur Blattlaus-
vertreibung eingesetzt wird.*

Grundrezepte

- Für den **Auszug der Brennnessel**
  werden frische Pflanzen einen ganzen
  Tag in kaltem Wasser angesetzt. Sie
  dürfen nicht vergären und die „bei-
  ßende" Wirkung der Nesselsubstan-
  zen ist nur kurze Zeit aktiv. Der Auszug wird möglichst bald unverdünnt
  gespritzt.

- **Gartentees** werden genauso bereitet wie Tees für den menschlichen
  Genuss: die Kräuter mit kochendem
  Wasser übergießen. Eine Viertel-
  stunde stehen lassen, abseihen,
  abkühlen lassen und verwenden.

- **Teekräuter** sind Ackerschachtelhalm, Rainfarn, Löwenzahn, Kamille,
  Wermut, Zwiebeln.

Brennnesseln sind besonders als Grundlage eines Auszuges zu empfehlen, der hervorragend gegen
Blattläuse hilft. Brennnesseljauche ist ein Alleskönner im Bereich des natürlichen Pflanzenschutzes

Wer kann was im grünen Hospital?

Heil-pflanzen/ Gemüse	Zutaten für 10 l Wasser	Zubereitung/ Mischungsmöglich-keiten	Verwendung	Wirkung
Beinwell	1 kg frische Blätter oder 150 g getrocknetes Kraut	Jauche; vermischt mit Brennnesseln	Flüssigdünger während der Vegetationszeit, Verdünnung 1:10	allgemein pflanzenstärkend; kalireich, besonders gut für Tomaten
Brenn-nessel	1 kg frisches oder 150 g getrocknetes Kraut	· Jauche; vermischt mit Beinwell, Schachtelhalm, Schnittlauch, kleinen Mengen verschiedener Kräuter; · Kaltwasserauszug	· Jauche als Flüssigdünger während der Vegetationszeit, Verdünnung 1:10; · Jauche als Spritzmittel auf die Blätter, Verdünnung 1:20 · Kaltwasserauszug unverdünnt über die Pflanzen sprühen	· Jauche allgemein pflanzenstärkend, insektenabweisend; · Kaltwasserauszug gegen Blattläuse
Farnkraut	1 kg frische Blätter oder 100 g getrocknetes Kraut	Jauche oder Brühe	im zeitigen Frühling vor allem Obstbäume spritzen, Verdünnung 1:10	gegen verschiedene Läusearten
Kamille	50 g getrocknete Blüten	Tee	im Sommer unverdünnt über Pflanzen und Komposthaufen gießen	· Kräftigung der Pflanzen; · anregend für den Kompost; · Samenbeize
Knoblauch	500 g Knoblauch	Jauche; vermischt mit Zwiebeln im Verhältnis 1:1 und einige Blätter von Schwarzen Johannisbeeren	auf den Boden der Beete und Baumscheiben gießen, Verdünnung 1:10	stärkt die Abwehrkräfte gegen Pilzerkrankungen, vor allem bei Kartoffeln und Erdbeeren
Kohl	3 kg frische Blätter	· Jauche; Mischung: 1 1/2 l Kohljauche, 1 1/2 l Brennnesseljauche, 7 l Wasser	Flüssigdüngung, vor allem zum Angießen von Jungpflanzen	· allgemein stärkend; · gesundes Anwachsen
Rainfarn	300 g frische Pflanzenteile oder 30 g getrocknetes Kraut	Tee; vermischt mit Schachtelhalmtee	· als Winterspritzung unverdünnt über die Pflanzen; · als Sommerspritzung auf Blätter und Boden · Verdünnung 1:2 oder 1:3	· gegen verschiedene Milben und anderes Ungeziefer; · Rost und Mehltau
Rhabarber	500 g frische Blätter auf 3 l Wasser	Tee	unverdünnt über die Pflanzen sprühen	gegen Schwarze Läuse und Lauchmotte

Heil-pflanzen/Gemüse	Zutaten für 10 l Wasser	Zubereitung/Mischungsmöglich-keiten	Verwendung	Wirkung
Schachtel-halm	1 kg frisches Kraut oder 150 g getrock-netes Kraut	Jauche, Brühe, vermischt mit Brenn-nesseln	Frühling oder Spät-sommer, vorbeugende Spritzungen möglichst an sonnigen Vormit-tagen, Verdünnung 1:5	stärkt die Abwehrkräfte gegen Pilzerkrankungen wie Mehltau, Schorf, Rost, Blattflecken-krankheit etc.
Tomaten	2 Hand voll Blätter und Geiztriebe auf 2–3 l Wasser	Kaltwasserauszug; zer-drückte Pflanzenteile 3 Stunden ziehen lassen	zur Flugzeit der Kohl-weißlinge alle 2 Tage unverdünnt über die Kohlpflanzen gießen	gegen Schmetterling und Raupen des Kohl-weißlings
Wermut	300 g frisches oder 30 g getrocknetes Kraut	Jauche, Tee	· im Frühling unver-dünnt über die Pflan-zen sprühen; · im Juni bis Juli 1:3 verdünnt, · im Herbst 1:2 ver-dünnt	· Abwehr von Ameisen, Läusen, Raupen; · besonders gegen Säulenrost an Johan-nisbeeren; · Sommerspritzung gegen Blattläuse und Apfelwickler; · Herbstspritzung ge-gen Brombeermilben
Zwiebel	500 g frische Zwiebel oder 20–50 g Zwie-belschalen auf 1 l Wasser	Jauche; vermischt mit Knoblauch, Blättern von Schwarzen Johan-nisbeeren; Kaltwasserauszug: aus Zwiebelschalen, 4–7 Tage ziehen lassen	· Jauche über den Boden der Beete und auf Baumscheiben gießen, Verdünnung 1:10 · Zwiebelschalenaus-zug über Pflanzen und Erde sprühen, unver-dünnt	· Zwiebeljauche stärkt die Pflanzen gegen Pilzerkrankungen; · Auszug gegen Milben und Pilzerkrankungen

◆ Tierische Gäste und Familienmitglieder

In diesem Kapitel erfährst du, …

… was für eine Vielzahl an Möglich-
keiten dir zur Verfügung steht,
Vögeln und anderen Tieren das
Leben zu erleichtern.

… wie du den Nützlingen Wildbienen
und Solitärwespen in deinem
Garten ein Hotel einrichtest.

… dass ein vollständig „kultivierter"
Garten in Wirklichkeit unvollstän-
dig ist.

… warum auch unsere Haustiere
Teil sinnvoll gelebter Permakultur
sind.

Nistkästen
und Totholzhaufen

Seit wir hier am Hof sind und unsere Wirtschaftsweise geändert haben, sind viele Vögel, an die wir uns noch aus unserer Kindheit erinnern, auf den Hof zurückgekehrt. Der Tisch ist reich gedeckt. „Und ich werde mich jeden Tag ein kleines Stückchen näher zu dir setzen", sagte der Fuchs zum kleinen Prinzen.

Ein Vogelhäuschen zu basteln macht Spaß und bringt noch mehr Leben in den Garten

Eine Arche Noah

Hof, Sträucher, Hecken und Bäume bieten zahlreiche Wohnmöglichkeiten für die gefiederten Freunde. Rauchschwalben, Mauersegler, Bachstelzen, Rotkehlchen, Meisen, Gimpel, Finken, Spatzen, Amseln, Eichelhäher, ein Hofkauz, Bussarde, Zaunkönig, Buntspecht, Ringeltaube, Stieglitz, Drossel, Elster und Krähen und noch einige andere sind anzutreffen.

Unser Garten wird nie zur Gänze abgeerntet, unsere gefiederten und bepelzten Freunde danken es uns. An strengen Wintertagen kann es schon sein, dass ein Reh an unserem Efeu vor der Haustür äst oder den Ranunkelstrauch vor dem Stubenfenster rupft, nachdem es mit seinen Kollegen den Grünkohl, die absichtlich stehengelassenen Kohlsprossen und die restlichen, dünnen Zuckerhüte abgeknabbert hat.

Die Amseln tun sich gütlich an den Früchten des Wilden Weins und des Holunders und ziehen die Farbmarkierungen rund um das Haus. Andere bedienen sich an den getrockneten Sonnenblumenköpfen.

Vom Amaranth bleibt uns kein Körnchen und das Obst wird kurz vor der Ernte auch teilweise schnell noch einmal verkostet, bevor es hinter der Kellertür verschwindet.

Unser Garten ist groß genug, es ist jedes Jahr für alle etwas da. Wir möchten auf diesen Reichtum nicht mehr verzichten.

Natürlich ist das alles auch Arbeit, aber wir hier können ruhig mehr als zehn Prozent zurückgeben, ohne Hunger zu leiden.

Nistkästen und andere einfache Ideen

Wessen Haus und Garten keine Vogelwohnung oder keinen natürlichen Nistplatz bietet, der kann einen Nistkasten bauen. Es ist einfach, so etwas zu basteln – es gibt Bauanleitungen, und auf den Zentimeter kommt es dabei nicht an. Die Natur hat noch keine Norm für Bruthöhlen und die Vögel passen sich bis zu einem gewissen Grad an.

- Nistkästen für Höhlenbrüter brauchen nicht gleich groß sein, die Größe der Einfluglöcher sollte aber stimmen.

- Generell ist bei Nistkästen auf ein dichtes, überstehendes Dach zu achten und der Boden sollte einige Abflusslöcher für eventuell eintretendes Wasser haben.

- Die Kästen werden sicher aufgehängt und nicht der vollen Sonne oder den rauen Winden direkt ausgesetzt.

- Für die Boden- und Heckenbrüter sparen wir unberührte Winkel mit Büschen, Gras- und Staudenhorsten aus.

- Manche Vögel wie Rotkehlchen und Zaunkönig wählen Reisighaufen als Nistplatz.

- Auch wenn sie nicht als Brutplatz angenommen werden, so dienen sie doch als Fluchtort oder als Igel- oder Blindschleichenversteck.

Ein Plädoyer für den Igel

Gerade der Igel ist ein wunderbarer Insekten- und Schneckenjäger. Wenn wir den Reisighaufen auch noch ein wenig mit Falllaub ausstopfen, fühlt er sich noch wohler. In vielen modernen, totgepflegten Gärten findet er weder Wohnung noch Nahrung. Bei uns am Hof spaziert er sogar beim Stadeltor ein und aus.

Wir lieben diese drolligen Gesellen, die sich bei uns zu mancher Gnadenstunde sogar bei Tag anschauen lassen. Bei einem geschützten Haus, einer Stallmauer oder unter einem Reisig-haufen kann man diesen feinen Wesen das Leben dadurch erleichtern, indem man ihnen mit Brettern oder Steinplatten einen geräumigen Raum von 50 x 80 x 20 cm baut. Ein guter Zugang, nicht zu wenig Heu oder Herbstlaub dazu, und der Igel kann sich sein neues Heim einrichten. Benjeshecken können mit einigen solcher Wohnungen ausgestattet werden. Sie sind traumhafte, multifunktionale, von Leben erfüllte Strukturen im Garten.

› Wegweiser

Auch hier ist wirklich nur unsere Phantasie gefordert. Wir brauchen uns lediglich mit den Lebensgewohnheiten unserer Gartenhelfer auseinanderzusetzen.

Alle Dinge sind verwoben. Was der Erde geschieht, geschieht auch ihren Kindern. Der Mensch hat das Netz des Lebens nicht gewoben, er ist nur ein kleiner Strang darin. Was immer er dem Netz antut, tut er sich selbst an.

Häuptling Seattle

Permakulturleute wissen das. Gift hat im Permakulturgarten sowieso nichts verloren!

Insektenbrutwände

Zu den Insekten haben viele Menschen eher ein gestörtes Verhältnis. Sehr oft wird damit der Begriff „Schädling" verbunden, ein Wort, das wir in der Permakultur schnell aus unserem Wortschatz streichen. Wir können nur jedem empfehlen, sich mit diesen faszinierenden Geschöpfen öfters auseinanderzusetzen. Anzahlmäßig sind sie die wahren Herrscher unseres Planeten und ihre Rolle im Lebensnetz ist noch lange nicht ausreichend erforscht. Manche leben in Völkern, manche sind Einzelgänger.

Das Wildbienenhotel

Zu den willkommenen Einzelgängern gehören die Wildbienen, die bei der Bestäubung der Blüten helfen. Wildbienen lieben für ihre Brutröhren glatte Oberflächen.

- Buche, Erle, Eiche werden in 10–15 cm starke Scheiben geschnitten und mit Löchern zwischen 4 und 8 mm angebohrt. (Kein Nadelholz, da die Löcher verharzen können und somit die Röhren zur Falle werden.) Nicht durchbohren!

- Eine alte Schilfmatte in 10–15 cm breite Streifen schneiden und zu Bündeln zusammenrollen. Die Rückseite wird in einen dicken Lehm-Steinmehlbrei getaucht.

- Ziegel mit Stängeln und Röhrchen bestücken und ebenfalls auf der Rückseite verputzen. Ungelochte

Die allermeisten Menschen lieben Honig und konsumieren ihn, doch nur wenige Gartenbesitzer denken daran, dass sie auch in ihrem kleinen Reich den fleißigen Bienen ein Zuhause schaffen können

Wohnungsbau für Solitärwespen

Diese Lösung ist ein besonders beliebtes „Insektenhotel"

NF-Ziegel werden schmalseitig angebohrt. Dann brauchen sie rückseitig nicht verputzt zu werden, da sie hinten geschlossen bleiben.

· Am Fuß unseres Hotels und in einigen Zwischenräumen lassen wir einige Häufchen Lehm-Steinmehlpulver, damit unsere kleinen Freunde ihre Röhren verschließen können.

Solitärwespen

Ebenso Einzelgänger sind die Solitärwespen, die als Jäger mit ihren Giftstacheln Larven, Raupen, Blattläuse lähmen und damit ihre Brut ernähren. Sie sind in ihrem Verhalten dem Kuckuck ähnlich und legen ihre Eier gerne in vorbereitete Nester. Diese Eigenschaft können wir ausnutzen und ihnen Wohnungen vorbereiten:

· Aus Holzscheiben, gebrannten Tonziegeln, Schilf-, Holunder- und Brombeerstängeln bauen wir die Unterkünfte. Die kleinen Wohnhöhlen haben im Idealfall einen Lochdurchmesser von 4–10 mm und sind auf der Rückseite geschlossen.

· Am besten eignet sich ein Lehmgemisch, in das man die Rückseite der zusammengebundenen Stängelbündel drückt.

· Unsere kleinen Hautflügler sind sehr dankbar, wenn wir ihre Hotelzimmer sicher überdachen.

› Wegweiser

Wildbienen und Solitärwespen sind nicht nur Mittel zum Zweck, sondern haben wie alle lebenden Wesen einen Wert an sich. Die Permakultur ist Vorreiter dieser „Lebensethik".

Verwilderte Gartenwinkel

Das Codewort der Natur heißt Vernetzung. Und ohne Vielfalt an Lebensräumen ist keine Artenvielfalt möglich. In der Permakultur ist Artenschutz oberstes Gebot und selbstverständlich beginnt der vor der eigenen Haustür und nicht erst hinter Nachbars Gartenzaun.

Nicht nur an den Menschen denken

Wollen wir den Schwalbenschwanz als Mitbewohner, so braucht er nun einmal diverse Futterquellen wie heimische Sträucher, Wildstauden und einen mageren Wiesenwinkel zur Eiablage. Die Raupen bevorzugen einen spärlich bewachsenen, trockenen Platz als Speisekammer und Kinderstube. Eine kleine Wasserstelle für den Durst ist für unseren Gast ja auch nicht schlecht.

Das ist nur ein Beispiel und schon daran sehen wir, welchen wichtigen Beitrag ein vielfältiger Garten zum Artenschutz leisten kann.

Unsere Philosophie im Umgang mit Tieren

Der Innergreinhof ist für österreichische Verhältnisse ein sehr kleiner Hof. Für manche indischen oder chinesischen Bauern sind wir wahrscheinlich schon Großgrundbesitzer. Innerlich empfinden wir auch so und wir nehmen uns gerne die chinesischen Kleinbauern zum Vorbild.

Wir bewirtschaften einige kleine Landstücke sehr intensiv, aber auf möglichst natürlichem Weg. Dafür

Auch ein junger Bussard fühlt sich in einem solchen Garten wohl

Es muss nicht überall der Rasenmäher drüberfahren: „Verwildert" bedeutet nicht ungepflegt, sondern eine Einladung an viele Formen von Leben, die gerne angenommen wird

lassen wir nicht wenige Flecken völlig unberührt. Sie gehören der Natur und nicht auf jedem Halm und jeder Feldecke hängt ein Zettel mit dem Begriff „Arbeit" drauf.

In der Summe des Lebens „erwirtschaften" wir bedeutend höhere Erträge als manche unserer Berufskollegen, und Jahr für Jahr nimmt die Artenanzahl zu.

Gleichzeitig sind Keller und Speisekammer reichlich gefüllt. Unsere Haustiere können wir noch als liebenswerte Mitbewohner betrachten und müssen sie nicht aus Ertragsgründen zu Produktionsfaktoren degradieren. Würden wir Menschen für uns die gleichen Leistungsmaßstäbe setzen, wären wohl manche von uns auch nicht mehr auf der Welt.

Ein bisschen Toleranz und gegenseitiger Respekt zwischen Mensch und Tier und auch ein wenig wechselseitige Barmherzigkeit machen unser Leben am Hof fein.

Trotzdem kommt für alle Haustiere einmal die Stunde, wo der Innergreinhofer Bauer sich für die treuen Dienste bedankt und die Entscheidung zur Schlachtung trifft. Diese Tage sind nicht unsere liebsten! Es sind auch die Tage, wo wir uns immer wieder bewusst werden: Auch unsere Stunde schlägt einmal und wir werden den Tisch für jemand anderen decken.

› Wegweiser

Gönne dir den Luxus, die eine oder andere Nische im Garten, auf der Terrasse oder sogar auf dem Balkon sich als „Wildnis" entfalten zu lassen. Vielleicht hast du dann keinen Ertrag für deinen Kochtopf, doch ein Zugewinn an Freude, Erkenntnis und Weisheit sind nicht zu unterschätzende Gegenleistungen.

Permakulturgärtner sind sehr aktive Lebensraumgestalter mit dem Wissen, dass sie selbst nur Teil eines Biotops sind.

Kleintiere als Gartenhelfer

In den Sommermonaten tummeln sich wieder jede Menge Kinder auf unserem Hof herum. Regelmäßig fasziniert es uns, wenn sich ab und zu so eine Kinderseele mit einer unserer Hauskatzen oder mit Asta, unserem Spitz, in einen ruhigen Winkel verzieht. Da wird „geknuddelt", gestreichelt, gequatscht. Nach einiger Zeit trennen sie sich und sind beide wirklich sprichwörtlich erlöst.

Gedanken über eine neue Partnerschaft

Kinderpsychologen schaffen in Wochen nicht, was unsere vierbeinigen Freunde mit ihrem warmen Fell oft in wenigen Minuten zustande bringen.

Wenn Kopf auf Kopf trifft, wird es eben selten so warm, wie wenn Herz an Herz schlagen und Fell an „Fell" aneinander reiben.

Rudolf Steiner fordert für die Stadt die Rückkehr der Sonne in Form der Bäume. Bäume in der Stadt sind Sonne für die Seele der Stadtmenschen.

Wir fordern für die Stadt die Rückkehr der Wärme in Form der Kleintiere. Kleintiere sind Wärme für die Herzen der Stadtmenschen.

Abgesehen von ein paar sinnlosen Verordnungen von Hausverwaltungen, was spricht dagegen, wenn in Innenhöfen von Siedlungen ein paar Laufenten als Schneckenjäger, ein paar Zwerghühner als Insektenbrigade, ein paar Kaninchen als Rasenmäher herumlaufen?

Auch Katzen leisten ihren Beitrag zu einem permakulturell geprägten Leben: als Seelentröster und Lehrmeister für unsere Kinder

Was Tiere uns schenken

Wie viele Millionen Tränen haben unsere pelzigen und gefiederten Freunde schon aufgefangen und getrocknet, neben ihrer täglichen Arbeit! Wie vielen Kindern haben sie beigebracht, wie gut Liebe tut und was Pflege bedeutet. Durch ihren Tod zeigen sie, dass Freundschaften endlich sind und Abschied wehtut. Die Kinder lernen damit umzugehen.

Welche Überraschung, wenn die Familien im gerechten Wechsel mit einem Frühstücksei ihres „Hofhuhns" beschenkt wird. Oder gar bei toleranten Wohngemeinschaften ein Hahn und ein paar Hühner mit ihrem Nachwuchs im Garten herumstolzieren. Das Wesentliche des Lebens ist grundsätzlich einfach zu begreifen. Es tut immer ehrlich wohl oder auch aufrichtig weh.

❯ Wegweiser

Abseits aller Erträge werden Permakulturgärtner außerdem mit einem Korb wertvoller unsichtbarer Geschenke verwöhnt. Selbst bei gewöhnlichen Voraussetzungen ist Großzügigkeit ein Grundmuster der Natur.

◆ Ein Ort zum Nachdenken

In diesem Kapitel erfährst du, …

… woran wir Kraftorte und Kraftmenschen erkennen.

… wie dein Garten dir als solcher
Kraftort dienen kann.

… warum innerer Friede der Vollkommenheit vorzuziehen ist.

… zu welchen Einsichten dir dieses
Buch hoffentlich verholfen hat.

… welche Aussichten unsere und deine
Bemühungen um Permakultur
eröffnen.

Oasen zum Besinnen

Jeder Platz der Welt hat seinen „Genius loci", und sei der Ort noch so klein. Mensch und Ort haben ihn über lange Zeit gemeinsam geprägt. Mensch und Ort sind in der Lage, gegenseitig Mitte zu setzen und Mitte zu finden.
Sie können sich krank machen oder heilen. Dahinter verbirgt sich das Geheimnis von Kraftorten und Kraftmenschen.

Sonne

Unsere Sonne ist innerhalb des Kosmos doch auch nur ein Staubkörnchen, das uns täglich wärmt, über die Verdunstung unseren Durst stillt und über das Blattgrün unseren Hunger. Sie gibt uns auf diesem noch kleineren Staubkörnchen Erde alles, was wir zum Leben brauchen. Wir müssen diesen Schatz hüten wie unseren Augapfel.

Der große Arzt Paracelsus sagt: „Alles, was gegen die Natur geschieht, wird krank".

Wenn unser Staubkörnchen schon so unbeschreiblich faszinierend ist, was ist da erst in den unendlichen, unerforschten Weiten des Weltalls los?

Glaube

Spiritualität ist unentbehrlich für unser Leben und eine wertvolle Hilfe.

Der Theologe Rupert Lay sagt: „Religion ist ein Denkkonstrukt, um das Unerklärliche erklärbar zu machen", und er hat Recht.

Dennoch können wir uns nur täglich verbeugen vor dem Wunder Schöpfung und der ihr innewohnenden Ordnung. Sie übersteigt unser Auffassungsvermögen endlos und ist schon daher „ohne Anfang und ohne Ende". Wenn Gott das Leben ist, so fallen wir täglich gerne in die Hände dieses Gottes.

Wir lesen öfters in den Schriften der Weltreligionen und auch in den Schriften der Wissenschaftler. Manchmal trennen sie wirklich nur die Sprache und die Methode der Erkenntnisgewinnung. Die Bilder der Ergebnisse sind dieselben.

„Vollkommenheit", oder ...?

Jeder Hof, jeder Garten, jede Terrasse und jeder Balkon sollte einen Platz beherbergen, an dem man sich dieser Wunder bewusst werden kann. Und einen Ort, wo man die eigenen Schwächen getrost abladen darf, ohne mit ihnen täglich Krieg zu führen.

Es geht im Leben wohl eher darum, mit innerem Frieden „vollständig" zu werden, als in einem täglichen inneren Kleinkrieg doch die „Vollkommenheit" zu verfehlen.

Dies gilt für uns und unser Leben mit dem Ort gleichermaßen.

Das haben wir von den Roma und Sinti gelernt.

Jeder Winkel hat seine Bedeutung

Einsichten

Die meisten von uns stecken in ihren nicht immer ökologischen Berufen, sind dabei, Beziehungen zu flechten oder aufzulösen, Häuser zu bauen oder Wohnungen zu kaufen, Kredite aufzunehmen bzw. zurückzuzahlen oder nach einer Beförderung zu schielen.

Für andere hingegen ist eine nicht mehr zu unterdrückende Natursehnsucht oder die Suche nach einer besonderen Naturerfahrung der Wegweiser zur Permakultur.

Exotisch oder natürlich?

Permakultur ist eine relativ neue „Erfindung" mit einem hohen Anspruch und scheint manchmal dem alltäglichen Leben sehr fern. Manchen Menschen lassen ihre momentanen Erfahrungswelten die Permakultur eher als exotische Lebenswelt erscheinen.

Wie immer dem auch sei, solange Menschen danach streben, für sich selbst und für ihr Leben, wie es ist, Verantwortung zu übernehmen und die Welt um sich nicht zu vergessen, sind sie auf einem guten Weg und die Welt schon ein Stück besser.

› Wegweiser

Permakultur hat viel mit Liebe, viel mit Arbeit und auch viel mit Geduld zu tun. Es genügt, wenn wir das tun, was wir im Moment können. Sei es auch nur einmal das Auto stehen zu lassen, keinen „Junk" einzukaufen, das Haus zu isolieren oder den Ölofen gegen einen Holzofen auszutauschen.

Jede Reise beginnt immer mit dem ersten Schritt, der Weg wird sich finden und der Weg ist auch das Ziel.

Also, hinauf auf das Rad, denn es gibt viel zu entdecken – und es ist so schön da draußen!

Aussichten

Als wir den Innergreinhof übernommen haben, war uns anfänglich überhaupt nicht klar, wie sehr das unser Leben verändern würde. Vieles haben wir unternommen, vieles probiert. An vielem sind wir auch durch eigene Fehler gescheitert. Es hat den Hof einige Mühe gekostet, uns beizubringen, wo seine wahre Stärke liegt.

Wo wir im Augenblick stehen

Heute versuchen wir mit möglichst geringem Arbeits- und Maschineneinsatz einen bestmöglichen Selbstversorgungsgrad zu erlangen und uns einen feinen Ort zum Leben zu gestalten. Wir bedienen uns der Permakultur als Leitidee und Planungshilfe. Das klappt von Jahr zu Jahr besser. Viele Versuche sind uns gelungen, doch immer passieren auch noch Fehler. Auch die Alpen mit ihren Bedingungen zeigen Grenzen auf. Dennoch sind wir stolz auf unser wachsendes kleines Paradies.

Wohin wir dich hoffentlich begleitet haben

Mittlerweile wissen am Innergreinhof „Land und Leute" recht gut Bescheid um ihre eigenen Stärken und Schwächen, und wir helfen uns gegenseitig. Für alle, die sich ebenso in diese Richtung bewegen wollen, haben wir dieses Buch geschrieben, das von unseren Erfahrungen über Jahre hinweg berichtet hat.

Wir freuen uns, wenn wir dir, liebe Leserin, lieber Leser, den ein oder anderen nützlichen Gedanken mit auf deinen Weg geben können. Noch mehr freuen wir uns, wenn du mit deinen eigenen Händen zu denken beginnst und mit deiner eigenen Handwerkskunst anfängst, deine Welt zu gestalten.

Wir wünschen dir alles Gute auf deinem Weg und sagen danke, dass du uns deine Zeit geschenkt hast.

Ein Ort zum Nachdenken

Schlusswort

Die Geschichte dieses Buches ist auch ein Teil gelebter Permakultur, und es ist Zeit für einen Erntedank.

Matthias, herzlichen Dank für das Angebot, für den Löwenzahn Verlag dieses Buch schreiben zu dürfen. Uns hat diese Arbeit überwiegend Freude bereitet, und wir durften dabei unheimlich viel Neues lernen.

Viele Hände arbeiten daran, um das Kunststück zu vollbringen, aus einem Manuskript ein Buch zu machen:

Anita, deine Art der Projektleitung war herzlich, kompetent und sehr angenehm.
Heike, dein Lektorat hat unserem Buch erst seinen Glanz verliehen.
Eine ansprechende Verpackung vollendet ein Produkt. Danke der Grafikerin und den Mitarbeitern der Druckerei.
Gerlinde, ein Korb voll reifer Früchte will auf den Markt, danke für deine Arbeit.

Dieses Projekt ist nun über ein Jahr gelaufen, es wurde viel kommuniziert, und wir mussten dazu – aufgrund der modernen Technologie – keinen einzigen Kilometer mit dem Auto fahren. Welch wunderbare Möglichkeit geistiger Mobilität kombiniert mit einer neuen Sesshaftigkeit!

Martina und Ruth, unsere lieben Töchter, haben uns kräftig unterstützt.
Martina, danke für deine Zeichnungen.
Ruth, danke für deine Arbeit am PC.

Helmut, ohne dich, als fotografischen Hofchronisten, wäre das Buch wohl weitgehend bilderlos geblieben. Danke.

Miteinander ist ein Grundsatz der Permakultur.

Wir haben große Freude an dem, was dabei herausgekommen ist.

Glossar

Bodengare: Vom Bodenleben erzeugter lockerer, krümeliger Bodenzustand.

Botrytis: Schimmelkrankheit, z. B. bei Beerenobst, Erdbeeren oder Himbeeren. Auch bei Tomaten, Zwiebeln, Pfingstrosen. Verschiedene Pilzstämme.

Grasnarbe: Von Gräsern durchwurzelte Erdschicht.

Heißrotte: Während der Zersetzung des organischen Materials bildet sich Wärme, die eine Temperatur von 65 °C nicht viel übersteigen sollte, da sonst die Stickstoffverluste ansteigen und die Gefahr der „Selbststerilisation" (Dämpfermethode) gegeben ist.

Kapillarität: Saugspannung des Bodens, beeinflusst den Wasserhaushalt.

Mieten: Walme aus Materialien für die Kompostierung.

Mönche: Senkrechte Rohre oder Stutzen, über deren Verstellung die Höhe des Wasserspiegels bei Teichen eingestellt wird.

Nematoden: Fadenwürmer, die eine Zeit lang im Boden leben und dann die Pflanzen befallen.

Peronospora: Pilzkrankheit, auch Falscher Mehltau genannt.

Rasensoden: Abgehobene oder ausgestochene Rasenstücke.

Rottelenkung: Bewusste, ideale Steuerung der Umsetzungsvorgänge durch Regelung von Feuchtigkeit, Lufthaushalt, Temperatur.

Rußtau: Pilzkrankheit; runde, schwarzbraune Flecken auf Blättern; diese fallen mit der Zeit ab.

Schrotschusskrankheit: Pilzkrankheit am Steinobst, Blätter bekommen Flecken, das Gewebe stirbt ab und es bilden sich „Schrotschusslöcher".

Treber: Abfall bei der Biererzeugung.

Starkzehrer, Mittelzehrer, Schwachzehrer: Hinweis auf den Nährstoffbedarf einzelner Pflanzen.

Für aktive Permakulturfreunde gibt es auf unserer Homepage einen monatlichen, kostenlosen Permakultur-Praxisnewsletter:
www.permakulturwerkstatt.net

Weiterführende Literatur

Yann Arthus-Bertrand: Die Erde von oben – Tag für Tag. Knesebeck Verlag

Graham Bell: Permakultur praktisch. Pala-Verlag

Jagadis Chunder Bose: Die Pflanzen-Schrift und ihre Offenbarungen. Rotapfel Verlag

Callum Coats: Naturenergien verstehen und nutzen. Viktor Schaubergers geniale Entdeckungen. Omega Verlag

Gerhard Hofer: Erlebnis Mitwelt. Neue Wege in der Umwelterziehung. Breitschopf Verlag

David Holmgren: Permaculture. Principles & Pathways Beyond Sustainability. Holmgren Design Services

Albert Howard: Mein landwirtschaftliches Testament. Edition Siebeneicher

Michael Kalff: Handbuch zur Natur- und Umweltpädagogik. Günter Albert Ulmer Verlag

Marie-Luise Kreuter:
– Der Bio-Garten. BLV
– Pflanzenschutz im Bio-Garten. BLV

Dirk Maxeiner/Michael Miersch: Öko-optimismus. Metropolitan Verlag

Bill Mollison:
– Permaculture. A Designers' Manual. Tagari Verlag
– Permakultur II. Praktische Anwendungen. Pala-Verlag
– Permakultur konkret. Entwürfe für eine ökologische Zukunft. Pala-Verlag

Hans Müller: Bodenfruchtbarkeit. K.F. Haug-Verlag

Antoine de Saint-Exupéry: Gesammelte Schriften 1, „Der kleine Prinz". dtv

Thomas Schauer/Claus Caspari: Der große BLV Pflanzenführer. BLV

Albert Schwarz: Lebenselement Wasser. Edition Albert Schwarz

Rudolf Steiner: Geisteswissenschaftliche Grundlagen zum Gedeihen der Landwirtschaft. Landwirtschaftlicher Kurs. Rudolf Steiner Verlag

Maria Thun: Aussaattage. M. Thun-Verlag

Peter Tompkins/Christopher Bird:
– Das geheime Leben der Pflanzen. Fischer Verlag
– Die Geheimnisse der guten Erde. Knaur Verlag